MW01699248

拥抱瑜伽

Yoga is the Best Medicine

远离疾病

序言 Prologue

用瑜伽的方式生活

Life in Yoga Style

常常有学过或没有学过瑜伽的学生问我：“景丽老师，什么是真正的瑜伽？”

这问题往往让我无法回答，因为可以回答的答案太多。

从你每天清晨看到的第一缕阳光，从你每晚看到的每一盏霓虹，从你身边的每一张笑脸，从你的每一次悠长而清新的呼吸，从你每一个无拘的伸展动作，都能看到瑜伽的影子。

因为瑜伽就是联系、结合、和谐，就是与自然的融合与相映生辉。

因为瑜伽就是美，就是健康，就是自然平和的心态。

大部分人都只知瑜伽风潮是由印度吹向西方，从英国皇室贵族到美国好莱坞名模巨星，从华尔街富商巨贾到朝九晚五的普通上班族，都纷纷将瑜伽视为修身养性、抵御疾病的最好运动方式。却少有人意识到，早在千年前，中国人就已接受了印度的瑜伽，并早已与我们的生活水乳交融。我们近两千年的文化里，也已经处处渗透着瑜伽的影子，而且更为豁达，更为睿智，更为洒脱，更唯美和自然。

玄奘，从印度带回来的真经，就叫《瑜伽师地论》。达摩，少林寺的祖师爷，不仅是少林武术的始祖，也是禅宗的始祖，同时他也是中国瑜伽的一代开山大师。而禅宗，不仅汲取了印度瑜伽的精华，又结合了中国文化的神韵，从而创造了中国瑜伽——禅学，这一影响中国近两千年的精神财富。我们中国历代封建王朝的文人墨客们，在屡受磨难时，幸好也有中国的瑜伽，在禅意和山水中淡漠生活中的艰难和困窘。

吸取印度瑜伽的精华为我们所用，即为鲁迅先生的“拿来主义”。

美国《Time》杂志曾撰文指出：“如果地球上发生了巨大的变动，面临人类灭亡的危机的话，被认为唯一可以活下来的只有印度人。印度人的物质，只需要美国人的五十分之一便可以活下去……印度人的身体，被6000多年的瑜伽武装得百坚不催。”

人类的生理疾病是根源于自己身体所犯的错误，瑜伽治疗法正是藉本人的力量去更正错误，使身体得以康复。瑜伽体位法给予头脑、神经、荷尔蒙腺体适度的刺激，按摩内脏器官，促进血液循环，激发每一个细胞的活力，从而调动人体自然治愈的能力，远离疾病的困扰。

瑜伽不仅是治愈生理疾病的金石，它改变的更是你面对生活的态度以及习惯。

瑜伽认为我们的本质是纯洁的、清净的、质朴的。但是人总会产生各种各样的欲望，才会有欲望无法满足时的失落、痛苦甚至绝望。我们的心灵，沾染了过多的需求，蒙上了层层欲望，结成了丝丝缕缕的结，而我们就在其中沉浮、纠缠，始终无法解除那紧紧捆绑住我们的束缚。

每个人都可以选择快乐地活着，无论贫穷与富有，都可以用瑜伽的心态去面对生活。

不用远赴印度，去到这本书里，带回你自己的瑜伽健康导师。跟随我，闭上眼睛，开始面对自我的梵天，我们能看到一切：心跳的雷鸣，呼吸的飓风，血液的河流与波涛，左右眼的光明和肌肉与骨骼的大地山峦。相信身体里的这个世界和我们体外的那个没什么不同，它们彼此对等而又相互包容，所以我们物我两忘、心脑相通。激发人体内部潜在的自我能量，治愈我们被繁华都市磨砺出来的精神溃疡。

让瑜伽帮助你擦去灰尘，还原你内心那面明镜的纯净与透彻。

让瑜伽引领你进入当初人类在伊甸园中被创造出来时那种美妙和纯真的状态。

感谢生活，感谢瑜伽。

目录 Contents

Indian Physical Therapy Yoga Courses

PART 1

第壹部分

瑜伽的起源和发展史

瑜伽并不是一套宗教或哲学系统，
它是一门完善的生命科学。
六千多年来，瑜伽作为印度哲人的思辩方法，
作为传说中印度苦行者获得神力的一种方式，
作为印度先贤取自大自然的礼物，
被人们传承着、发扬着，
直到今天成为全世界共同的健康财富。

History and Developments of Yoga

“瑜伽YOGA”一词，是从印度梵语yug或yuj而来，是一个发音，最早是出现在当时代表知识的经书《吠陀经》四部主要典籍之一的《梨俱吠陀》经中。这个词具有“轭，给牛马上驾具，及获得神通力”等多种内在相关的含义，它以后又具有了“结合、合一、融合、统一”等含义。

在哈拉浦和莫汉朱特罗（现今的巴基斯坦境内）考古出土的文物中，发现许多雕像，雕像上显示的是湿婆神（印度教三大主神之一）和他的神妻雪山神女的不同瑜伽姿势。这些废墟曾经是《吠陀经》前期的人的居址，他们甚至在雅利安文明开始繁荣之前就存在于印度次大陆。

吠陀经

在印度传统中，有关宇宙的神秘知识称为“吠陀”（Veda）。追根溯源，这个词的梵文字根是vid，意思是“知道”或“知识”，来自德语的英文词“智力（wit）”和“智慧（wisdom）”、来自希腊语的英文词“思想（idea）”最初都来自于vid这个梵文字根。印度那些记述了吠陀知识精华的圣书，都称为吠陀经。吠陀经由《梨俱吠陀》、《娑摩吠陀》、《耶柔吠陀》、《阿达婆吠陀》四部梵文经书组成，传说这些经书都由当时印度高僧所完成。

成千上万的吠陀经典都是用诗记载的。这些诗严守诗歌的结构和韵律、格律的规则，包含了各种主题的信息：从医疗、农业到天文知识；从瑜伽和冥想的技巧，到瑜伽修行者的注意事项，以及素食佳肴的食谱；从对政府组织结构的详细解释，到对兴建和装修庙宇或住房的指导。吠陀经中还包含了戏剧、军事、礼节的介绍和乐器的用法。包罗万象，是当时印度社会的百科全书。所以我们完全可以相信，瑜伽学比《吠陀经》古老得多。

湿婆与雪山神女

根据传说和权威著作，湿婆神是瑜伽（包括姿势在内）的创造者。他创造了所有的姿势，并把它们教给第一门徒，也就是他的妻子雪山神女。据说原来有840万不同的姿势，代表了840万个化身，每个人从生死的轮回求得解脱之前必须通过这些姿势。据说，做了所有这些姿势，人就可以避开从今世到下世的宿命。

数世纪以来，伟大的瑜伽信奉者们对这些姿势作了调整，减少了数目，以致现在所知仅几百种姿势。在这些姿势中，只有84种有详细的文字说明。

历史上有记载的第一个瑜伽传道者是伟大的瑜伽信奉者哥拉克那斯（Goraknaath），据说他是雪山神女的第一个门徒。在他那个时代，瑜伽学在人们中间并不大众化。哥拉克那斯把所有的姿势传给他亲密的门徒。这个时代的瑜伽信奉者远离社会，居住在深山老林里，过着一种隐居的简朴生活，向大自然获取支持。野兽是这些瑜伽信奉者的良师，因为这些野兽过着一种很自然的生活，摆脱了疾病和世俗问题。野兽没有医生或药物治病，大自然是它们唯一的帮手。瑜伽信奉者们习惯于非常仔细地观察和模仿野兽。就是这样，瑜伽中的许多技法，从学习森林中的生物而发展起来了。

而人类最初练习瑜伽的本意就是想像动物一样保持健康，或者在生病受伤的时候能尽快地恢复健康。“健康”始终是瑜伽的永恒主题。

毗湿奴与吉祥天女

雅利安文明

公元前1700年左右，入侵印度的雅利安人征服了印度的土著达罗毗茶人，统治了印度河和恒河两岸，在帕拉伯文明的基础上又创造了恒河文明，被称为雅利安文明。他们接受了被征服者的瑜伽文化，也接受了达罗毗茶人的瑜伽之神——大神湿婆。

为了证明自己的统治地位，雅利安人在接受了湿婆为大神后又紧接着创造了自己的神灵——毗湿奴。为了证明自己的神才是天地的主宰，他们说湿婆也只是毗湿奴的一个化身，而且是专门负责毁灭的。

他们在接受瑜伽的同时，偷梁换柱，以“梵我一如”的理念替代了自我与原始动因的一致和结合的瑜伽哲学，并以梵我一如为核心，建立了规模巨大的婆罗门教，发展了世界文化史上灿烂的吠陀系列。

常规时期的瑜伽，可追溯到2000年前，当时的印度圣哲帕坦伽利（Pantanjali）写了一套瑜伽圣经，把瑜伽定义为个人心智活动的自律态度，从此瑜伽被认为是“自我觉知的修炼法”，而帕坦伽利也被喻为“印度瑜伽之父”。

瑜伽经

伟大的瑜伽师帕坦伽利所著《瑜伽经》是瑜伽学派的根本经典，大约成书为公元三百年，经文记载了古印度的大师们关于神圣、人、自性、物质观、身体、精神、梵文语音几乎所有范围的深邃的论述。

帕坦伽利的伟大在于他不加偏见地系统整理了当时流行的各种瑜伽流派，并结合古典数论的哲学体系，从而使瑜伽为印度正派哲学所承认，瑜伽也因此影响了印度的各种哲学而取得了印度文明的核心地位。

《瑜伽经》向我们启示，瑜伽是身、心、灵的全方位修行，要用不同方法全面地配合来达成解脱。前人领悟到，很多功课有助修行，例如适当的饮食、戒律、行善（Karma）、调理脊骨的运动（调身）、注意呼吸（调息），甚至诵念经文（Mantra）、向上天虔敬（Bhakti）、增加知识（Jnana）、唤醒灵量（Kundalini）等等都大有裨益。

历经时代多次变迁，瑜伽在各阶层流传。但是，由于中世纪的一些不利环境，瑜伽消失了。让哈达瑜伽在当代社会重新复苏的伟大哲人是Savatamarama。他大约生活在14世纪，自称是湿婆神的门徒。从那时起，瑜伽在治疗、恢复和预防疾病方面的价值就被人们认可并广为流传。16世纪以来瑜伽开始陆续传至世界各地。

古时的瑜伽是修炼灵魂的，是将“真正”的“我”由肉身的“我”中修炼出来，去和永恒不变的“梵”结合为一。据说这样就可以脱离六道轮回，达到灵魂的无限自由与超脱。现代的瑜伽是修炼身体的，经过瑜伽体位法的练习和呼吸法及静坐，将身体的肌肉、骨骼及内分泌系统调节到最健康的位置，可使人青春不老且身心愉快。

愈是靠近现代的瑜伽练习者，愈不向往超脱现实的修行。19世纪末到20世纪初，许多印度瑜伽修行者先后到美国推广瑜伽，而现代瑜伽的风行，则大都要归功于斯瓦米·韦委卡南达（Swami Vivekananda）。他写了一本瑜伽修行者的自传，在美国声名大噪，因此被誉为“现代瑜伽精神领袖”。另一位不得不提的是B.K.S.艾扬格，他从50年代开始将瑜伽传入西方国家，并享有盛誉。艾扬格瑜伽迄今也被看作是当今世界最为广泛练习的一种瑜伽。

B.K.S.艾扬格

1952年，艾扬格结识了世界著名小提琴家耶胡迪·梅纽因。在梅纽因的帮助下，艾扬格开始将瑜伽带入西方。
1966年，他的著作《瑜伽之光》首次全面介绍瑜伽的练习方法，
在西方国家引起了不小的轰动，被评价为“西方人通往东方古老健康艺术的捷径”。
这本书被称为瑜伽史上的经典史著，被译成19种文字在全球出版。

美国著名的《瑜伽杂志》在介绍B.K.S.艾扬格时这样写道：
“如果没有艾扬格的卓越贡献，尤其是他对每一个瑜伽体式细节精确细致而系统的要求，
对瑜伽治疗的研究，和他所培养的严格的瑜伽培训体系，我们现在的瑜伽世界将难以想象。”
2004年，英国牛津词典将“Iyengar”即艾扬格作为辞条正式收录。

另由玛黑虚优吉所带领的瑜伽超觉静坐风潮，也因为知名的披头士合唱团拜他为师从1960年开始蔚为风潮，瑜伽开始进驻欧美娱乐圈，从此借助传媒界的推波助澜逐渐发展为时尚健康、塑身美体的潮流运动。美国歌坛天后麦当娜就是瑜伽的忠实拥趸，她举办的世界巡演，就向歌迷展示了自己的瑜伽功力修为。麦当娜给《W》杂志拍摄44张照片，其中一个就是瑜伽的高难度动作“山猫卷饼”。

连皇室贵族也难逃瑜伽的超凡魅力：英国查尔斯王子利用瑜伽治好背痛，甚至连高龄的英国女王伊丽莎白二世也“未能免俗”。由于女王近年来身体欠佳，因此对非常规的代替疗法非常热衷。不久前当女王听说瑜伽术对强身健体有奇效之后，又研究起瑜伽功法来。但毕竟年事已高，面对高难度的瑜伽动作，女王只能“望之兴叹”。眼见母亲练功心切，有“孝子”之称的查尔斯王子立刻四处寻访“高人”，最终找到瑜伽高手艾万斯来指导女王练习瑜伽，令女王“龙颜大悦”。

什么是瑜伽

一个慕名而来的欧洲人在奥罗宾多瑜伽学院生活了一段时间后，迷惑地向瑜伽大师奥罗宾多求教：
“导师，我这么长时间都在散步和聆听钟声，没有人教我什么。那么，你至少应该告诉我，什么是瑜伽呢？”
奥罗宾多微微一笑，回答：“在你心中设一道门，当烦躁和欲望来临，把它们关在门外，这就是瑜伽。”

随着时代的发展，瑜伽返璞归真，它的功用逐渐退回到最原始的状态：帮助人们保持健康、治愈疾病，从而获得一种简单的生活方式和生活艺术，使人们放弃那些对健康有不良影响的习惯及克服不良的行为。

瑜伽其实是一种自我疗伤、自我愈合、自我进化的过程，也是人类寻求一种与自我契合的生活方式的行为。这种契合的生活方式中，辨别所有导致生病的要素和利用恰当的技术消除疾病影响，就成了瑜伽所关注的最基本的一部分。

印度最著名的哲学家奥罗宾多（Aurobindo）认为，“瑜伽”的意义是努力通过发展个体存在的潜在能力实现自我完美的一种方法论。这样，原本是一门个人精神成长科学的瑜伽同时也就成了一门生活和自疗科学。

瑜伽是一门科学，同时也是一门使人们在体质、精神、道德和心灵方面修行锻炼的生活艺术。瑜伽使得人们从一切精神怨愤中解脱出来，从一切由此而产生的精神、心理和生理疾病中解放出来，从而成倍提高生命质量。■

梵天、湿婆与毗湿奴分别象征创造、超越及保存的力量，
连接生、死与生活。

PART 2

第贰部分

瑜伽的流派

瑜伽，经过五千年的演变及发展，
加上传统的瑜伽教授方法是口头传授，而非书面传授，
它的博大精深导致了其在传授过程中的不确定性。
因此瑜伽产生了很多的流派，
大多数瑜伽分支都遵循既定的基本规则，
只是在教授的方法、重点和练习上稍有不同而已。
被教授的“主角”，仍是瑜伽。

Branches of Yoga

哈达瑜伽（Hatha Yoga，又称诃陀瑜伽）是呼吸、身体洁净和各种体格锻炼方法的体系。在帕坦伽利之后，不同的瑜伽师开始研发出可以让身体回春、延年益寿的瑜伽术，这一派人士排拒了古代吠陀经修炼身心灵的教导，而是尽情拥抱身体的锻炼，而类似这种凸显身心链接和以身体为主的瑜伽练习，则慢慢发展出现在所谓的“哈达瑜伽”。哈达瑜伽认为，人体包括两个体系，一为精神体系；一为肌体体系。人的平常思想活动大部分是无序而杂乱的，是能力的浪费，比如疲劳、兴奋、哀伤、激动等，人体只有一小部分用于维持生命。在通常情况下，如果这种失调现象不太严

重，通过休息就可自然恢复平衡；但是如果不能主动地自我克制和调节，这种失调就会日益加剧，最终导致精神和肌体上的疾病。而体位法可以消除肌体上的不安定因素：通过调息来清除体内神经系统的滞障，通过生命之气控制身体的能量并加以利用。

智瑜伽（Jnana Yoga）是思考真与假、长久与短暂、生命力与物质等问题的哲学思辨的体系。智瑜伽认为，知识有低等和高等之别。寻常人所说的知识仅仅局限于生命和物质的外在表现，这种低等知识可以通过直接或间接的途径获得；然而智瑜伽所寻求的知识，则要求瑜伽练习者转眼向内，透过一切外在事物的本质，去体验和理解创造万物之神。通过朗读古老的、被认为是天启的经典，理解书中那些真正的涵义，获得瑜伽的真谛。

王瑜伽（Astanga Yoga，又称八支分法瑜伽）是瑜伽流派中最难的一支，是由呼吸、姿势锻炼、冥想等八部分组成的瑜伽体系。如果说哈达瑜伽是打开瑜伽之门的钥匙，那王瑜伽就是通往精神世界的必由之路；哈达瑜伽重在体式和制气，王瑜伽偏于意念和调息。通常使用莲花坐等一些体位法进行冥想，摒弃了大多数严格的体位法。王瑜伽积极提倡瑜伽的八支分法，即禁制、尊行、坐法、调息、制感、内醒、静虑、三摩地。瑜伽冥想方法很多，但体位姿势大都采用莲花坐，练习冥想时通过意念来感受实体的运动，控制气脉在体内流通，产生不同的神通力。一点凝视法是王瑜伽者非常喜爱的一种冥想练习，这通常是在环境幽静的地方，或在山林湖海边，将注意力集中在某一固定的实体比如蜡烛、树叶、野花或是瀑布、流水等上，使自己的精神完全沉浸在无限深邃的寂静中。

语音冥想瑜伽（Mantra Yoga）是让练习者进入“忘我”状态的体系。

咀多罗瑜伽（Tantra Yoga）是让练习者保持和利用能量的体系。

业瑜伽（Karma Yoga）是无私工作和奉献的体系。

奉爱瑜伽（Bhakti Yoga）是为所有的人谋求物质和精神福利的体系。

以上这些瑜伽体系中，有一些体系用的是同一种练习方法，也有的体系则强调使用不同的练习方法，还有一些是供人们练习其他体系前必须先行练习的基础体系。不管这些体系有何不同，它们最终的方向和目的都是一致的。

《薄伽梵歌》

《薄伽梵歌》是一部伟大的圣书，和练习瑜伽的人关系最密切。书中蕴含着瑜伽的哲理，可以说是一字千金。
《薄伽梵歌》是当时每一个修习瑜伽的人必读的一本书，是一部通篇充满了智慧、道德、力量的盛典。
这本经典成为印度的精神财富之一，甚至成为印度在争取独立时的指南性哲学。
各种哲人、革命家和诗人都从这里汲取氧分。

《薄伽梵歌》把瑜伽分为四大类：智瑜伽、业瑜伽、信瑜伽以及王瑜伽。
智瑜伽指的是对梵我一如宇宙观的理解和永恒与生命的关系，业瑜伽指的是行动或行为哲学，
信瑜伽则指的是对梵或神的虔诚信念，王瑜伽强调的则是通过对身体和感官的控制而达到对心灵的净化。
《薄伽梵歌》告诉我们：重在行动，而不要在意结果。它把这种瑜伽精神叫做"业瑜伽"。
业又是行为，瑜伽认为人活着必须行动，按在社会上的职责去行动和工作，
但是在行动过程中，不必始终把结果和目的看得过于沉重。

这众多的流派之中，哈达瑜伽（Hatha Yoga），或称为身体层次上的瑜伽，是现今最流行亦最为人熟悉的瑜伽修炼方法。它能够促进个体的健康和安宁，能够削减现代生活的紧张及压力。

Hatha这个词中，哈（HA）的意思是太阳，达（THA）的意思是月亮，它代表男与女、日与月、正与负、阴与阳、热与冷，以及其他任何相辅相成的两个对立面的平衡。它代表着通过锻炼身体两极相等的灵活性和力量让身体、大脑进入平衡的状态，从而使逻辑性、算数性的左脑与创造性、知觉性的右脑能和谐相处，均衡地发挥作用。哈达瑜伽能帮助解决身体和呼吸之谜。它是所有瑜伽体系中最实用的，也是最为现代人所熟知的。它通过身体姿势、呼吸和放松等一系列的练习，来达到调节神经系统、各种腺体和内脏的作用。它几乎适合所有的人。下面简单介绍一下当今最流行、最为人熟悉的几个哈达瑜伽派系：

1. Iyengar Yoga 这一派可说是近年西方最为人熟悉的哈达瑜伽学派。它由国际著名的印度瑜伽大师B.K.S. Iyengar创立，将瑜伽科学及医学化，藉以改善个人生理及心理上的种种毛病。这一派导师特别强调做瑜伽姿势时手脚、盆骨、脊椎骨等身体部分的配合、绝对正确的位置和肌肉收紧放松的配合，对细节的掌握非常注重，因此能打好瑜伽姿势良好的基础，以及改善一些身体姿势的问题。这一派也特别重视"站式"的锻炼，呼吸技巧则稍为次要。此外，Iyengar Yoga认为练习时必须因应个人体型上的限制，因此特别鼓励学员借道具来提高姿势的准确性，这些道具包括毛毡、砖、揽枕、椅子、绳子等等。

2. Ananda Yoga 这一派认为身体及灵性上的修习同样重要。必须先洁净和提升能量，为冥想做好充分准备。随着脑海内反复地作提示和肯定（Affirmation），每一个瑜伽姿势最终用以扩阔或

提升自我意识（Self-awareness）。Ananda Yoga的另一特色是着重一系列“能量法运动”（Energization Exercises），要求身体某部位反复收紧及放松，同时配合呼吸方法将能量带至该处。它强调做瑜伽姿势时必须极度放松，从而为其后的冥想做好准备。

3. Ashtanga Yoga 这一派又名Power Yoga，是哈达瑜伽中最讲求体力的。它共有240个瑜伽姿势，以六组动作单元结合呼吸串连起来，藉以提升身体的“热力”，从而强化身体。因为强调力量（Strength）、柔韧度（Flexibility）和元气（Stamina）三者同样重要，而深受运动员或热爱剧烈运动的人所喜爱。

4. Integral Yoga 这一派结合所有实践瑜伽的步骤——瑜伽姿势、调息法、无私的奉献、祈祷、唱颂、冥想及自省，特别强调瑜伽是以冥想为最终目的，鼓励学员练习时要“松弛”（Easeful in body）、“平静”（Peaceful in mind）以及“有为”（Useful in life）。每一堂瑜伽课会长达75分钟，其中45分钟用在瑜伽姿势的锻炼上，紧随是放松、呼吸练习，最后就是冥想部分。具难度之余，却温和而沉静，受喜欢全面地学习传统瑜伽的人士所追随。

5. Kripalu Yoga 这一派常被形容为“动态的冥想”，较少着重锻炼瑜伽姿势时的生理细节，更多注重瑜伽姿势带给人在感情及心理上的感受，因此要求学员保持温柔、慈悲及内省的态度。这一派认为，身体有它的智慧，它会发出信息，提示个人应怎样将瑜伽姿势流畅自然地练习下去。每一个瑜伽姿势都会维持一段很长的时间，以求发掘或释放被压抑了的情感。这种内省式的哈达瑜伽由三个阶段组成：持续锻炼（瑜伽姿势）、意志和放下（心灵），以及顺从身体的智慧。在这三个阶段里，瑜伽姿势会因应不同情况而有不同难度：温和的、中等的，以及剧烈的。

6. Kundalini Yoga 这一派历史久远，深信生命的能量（Kundalini）隐藏于尾椎部位，只要通过各种修行（呼吸、姿势、唱声及冥想），这能量便会被启发、引导至脊椎的各个“气轮”（Chakras）上。而当“顶轮”（Crown）被打通了，人便能悟道。这一派特别着重几种呼吸的技巧：鼻孔的交替呼吸（Alternate Nostril Breathing）、缓慢、横膈膜的呼吸（Diaphragmatic Breathing），以及一种叫“火焰”（Breath of Fire）的呼吸法。

7. Sivananda Yoga 这一派结合五项特定锻炼方法：适当的运动、呼吸、深度放松、素食，以及正面思考和冥想。每一课都有特定的进程，包括呼吸练习、拜日式、12个传统瑜伽姿势，以及放松练习。而在课堂开始及结束时，都会有简短的颂唱和祈祷的仪式。

8. Vini Yoga 这一派讲求瑜伽姿势的细节，亦讲求体力和耐力。学习瑜伽，必须以“Vinyasa Krama”为原则，即“有组织地研究”（An organized course of Yoga study），结合瑜伽姿势、调息法、冥想、课本研究、辅导、心象、祈祷、唱颂及仪式。它会因应学员的个别心理状况、身体限制，以及文化差异而教导瑜伽姿势；认为脊骨的健康及呼吸比起怎样完成瑜伽姿势更为重要，而且呼气和吸气会有意识地以不同时间及长度进行，以配合瑜伽姿势的锻炼。

9. Bikram Yoga 这一派又被称为“高温瑜伽”，由瑜伽大师Bikram Choudhury始创，是近年健身界的新宠儿。这种瑜伽要选择在一个温度较高的室内进行（摄氏38至42度），令体温快速提升，加速排汗及排毒功能。它有26个瑜伽姿势，帮助提高身体的柔韧度、强化肌肉和各个关节及韧带，最终达到身心松弛的目的。

兼容并蓄的瑜伽

常听说某某瑜伽大师师出哪个门派、此门派才为正宗瑜伽等等，
其实作为瑜伽来说，它本身就有包容性和兼容性。
提拉克用业瑜伽来鼓吹暴力的武力革命，
而圣雄甘地则用它来倡导非暴力不抵抗的信瑜伽信条。
它既是禁欲的瑜伽，又是开放的瑜伽，
它既鼓吹暴力又强调忍耐，
它有强调体能的又有重视心灵净化的。
如果我们偏执于某一观点或某一门派，自然也会误入歧路。

PART 3

第叁部分

瑜伽的体系

瑜伽所追求的是自然、健康、美丽和幸福。
它的优越性就是在于符合自然法则，
经由“身、心、灵”的训练，将身体的潜能发挥到极致。
完整的瑜伽体系包括有冥想法、体位法、呼吸法、饮食调配等等，
是一套完整的精神身体医学。

Systems of Yoga

5000年前，一群瑜伽修行者静坐在印度喜马拉雅山麓地带的原始森林中，思索人类的痛苦和烦恼的根源。在冥想中他们明白，由于受到外界的刺激，人心常常紊乱不安，只有当人们醒悟到本来该有的真实的自我，并且体会与宇宙浑然一体的感觉，才会获得永恒的安宁。于是“冥想法”诞生了。一些瑜伽修行者在森林修炼身心时，无意中发现各种动物患病时能够不经过任何治疗而自然痊愈，因此他们学习模仿各种动物的姿势，将这些紧张与松弛结合的方法运用于人体时，竟然也有意想不到的效果，这就是“体位法”的起源。此外，他们发现：能控制呼吸，就能控制生命。为调整紊乱浮动的气，“呼吸法”随之产生。

这三种瑜伽修炼法的关系可以大略地用下面这个图表来表示：

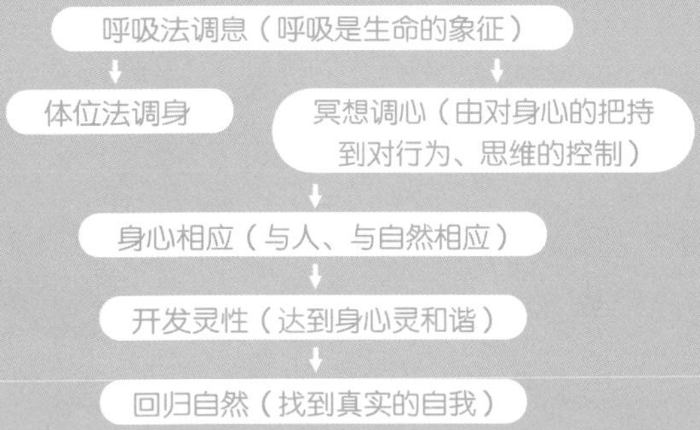

伟大的女神 Kameshwari 做出 Bhagasana 瑜伽姿势

冥想法 Dhyāna

瑜伽冥想法，简单的理解就是一种教人们克服物质欲念的方法。

瑜伽冥想法的目的在于获得内心和平与安宁，从而达致无限的精神之爱、欢乐、幸福和智慧。《薄伽梵歌》一书中说到：“当一个人由于修炼瑜伽而使其心灵完全脱离物质性的心理活动时，那么这一种瑜伽修炼的至善阶段就叫做入定或三昧境界（Samadhi）。在这种快乐的状态中，人就处在无限的超然幸福里，并通过各种超然的感官而自得其乐。确定这种状态之后，人就再也不会离开真理，而一旦获得这种成就，他就会认为，没有什么比这收益更大的了。”而达到“入定”这种境界的途径就是瑜伽冥想。

瑜伽冥想也对人的身体产生非常积极的影响。一名瑜伽初学者都能通过冥想使自己的内心更加平静，也会感到自己少一点紧张、怒气等等。这也意味着，他较少可能患上那许多紧张和忧虑引起的疾病。在某个意义上来说，由于人的免疫系统是和人的心态紧密相连的，可以说，瑜伽冥想是最强有力的预防性医药。

瑜伽冥想练习者也可以做到放弃那些对健康极有摧残力的习惯，如饮酒、吸烟、吸毒、不正当的性行为等等。

在现在的印度，人们总是在早晨和傍晚时分到河内清洁身体，然后向着太阳坐下，静静地进入冥想。现在的他们不是为了修行，而是为了体验人生的快乐。他们一坐就是数小时，慢慢地融入大自然中。习瑜伽者深信：瑜伽冥想是确保身体与精神两方面都健康的关键方法。

现有的瑜伽冥想体系中，没有哪一种比得上瑜伽语音冥想的功效那么直接、久经时间考验或广为人们使用。

瑜伽语音冥想又称“曼特拉冥想（Mantra）”。梵语词“曼特拉”可分为两部分：“曼（man）”的意思是心灵，“特拉（tra）”的意思是引开去。“曼特拉”的意思是能把人的心灵从其种种世俗的思想、忧虑、欲念、精神负担等等引离开去的一切特殊语言。“冥想”的意思是意念和意境的结合，冥想可以帮助修炼者的精神进入高境界，有助于身心的协调。一个人冥想时把注意力集中在他的瑜伽语音上，就能逐渐超越愚昧无知等不良因素，而处身在善良品质的高度上。从这一步，瑜伽冥想更往深处发展，逐渐演变为完美的禅，而最终地进入入定状态。

“OM”的梵文字形

其中我们最常用的吟诵语音就是OM或AUM。

梵天沉思的两种方式，最初的来源，包括声音及沉默。经由声音，我们达至沉默。梵天的声音是“OM”，“OM”的终结是沉默。

——MAITRIUPANISHAD

让瑜伽智者以Mantra“OM”终结因果报应，潜移默化中重整身体功能，跳脱因果循环，得到再一次的重生。

——湿婆经（SHIVA SAMHITA）

语音冥想相对自由，瑜伽师也不想让自己的瑜伽语音冥想修炼仅仅局限于这些功法。下面简单介绍一下常用的瑜伽语音冥想法的几种变体：

A. 不与呼吸同步法：瑜伽语音冥想也可以无需和呼吸同步配合着练习。人们只需把心专注到语音的吟诵上面，而对呼吸则任其自然，不加留意。有时呼气与诵念一部分语音同时进行；有时吸气和默念另一部分语音同时进行。有时在呼气时兼发出声诵念整个语音；有时候吸气短促而深长，而在延长呼气过程中吟诵整个语音。做法可以因人而异。

B. 无需严格姿势法：瑜伽语音冥想甚至可以在站立、行走、跑步、躺下等时候练习。瑜伽语音冥想术既可以采取瑜伽坐式严格练习，也可不拘一格采取其他任何形式练习。练习时可合眼亦可睁眼，语音可诵念以上任何一种。

C. 注目凝视冥想法：许多习瑜伽者在练习瑜伽语音冥想时两眼全神贯注地凝视一幅印度主神（例如湿婆）的图像，会引人进入真、善、美的崇高品质境界。

D. 咏唱语音冥想法：所有瑜伽语音都可以用咏唱的形式来反复诵念，配上旋律、节奏、鼓掌打拍子、乐器伴奏等等，或不配奏也可以。还有，听别人咏唱瑜伽语音冥想也能引导习瑜伽者入定。

E. 群组语音冥想法：瑜伽语音冥想可一人独立练习，亦可群组集体练习。人们集合为或大或小的一组人或一群人，无论朋友、家人、熟人、生人，都可以作为一种会众聚合的形式来反复诵念瑜伽语音。这种群组练法比个体练法更有力和有效。

体位法 Āsana

瑜伽苦修者们首先仔细地观察形形色色的动物，经过长久的观察后，他们体悟了动物的本能，以及许多用来使它们身体保持健康、富有弹性和敏捷的方法。这些苦修者也发现，不同的动物如何在患病时医治自己，又如何地松弛自己，以及各种在睡眠和清醒时的不同状态。这些瑜伽苦修者进而将这些动物的种种活动姿势，加以亲身体验，并稍微改变它们原有的姿势，以配合人类身体的特性。他们之所以模仿动物的动作、姿势甚至声音，还有一点是因为这样做，可以和模仿的对象进行神奇的接触。瑜伽招式模仿其他生物，让我们接触到人类传统上的一些早期进化的形式。因此瑜伽体位法中的许多姿势，如眼镜蛇式、猫式、鱼式、骆驼式、犬式、蝗虫式、狮子式、孔雀式、龟式、蝙蝠式、鹤式等均以动物名称来命名。这些独特姿势及修正姿势称为瑜伽体位法。

瑜伽体位法的动作包括弯、迭、折、俯、扭、抑、屈、伸、提、压等，它是身体语言的一种形式。每个招式各有其天生的神奇力量。任何人因为身体有恙或心有烦忧而练习瑜伽体位法，很快就会意识到它的效能。体位法是一种让自己的身体固定及愉快的姿势，以平静和缓的动作，从身体内部来强化身体。瑜伽体位法的练习，能够协助发展一个踏实及健康的身体，还能除去身体的不安定因素，以正确的方式导引微妙的体内生命能量，保存并增加这种能量，使之不浪费不虚耗。拥有一个平衡感良好、姿势稳定的身体，冥想也不会遇到阻碍。

虽然瑜伽体位法包含了很多种姿势，但权威性瑜伽经典认为，只要正确地练习其中少数的几种姿势，就可达到适当的结果。体位法的练习也不在于要与标准姿势一模一样，更不是单纯地拉拉筋骨或依样画葫芦，而是着重在一举手、一投足之间，配合着呼吸，集中意识发挥潜在的想象能力，将头、身、心三者同时加以训练。姿势是身体的特殊形式，让自己的身体像是一个与自己沟通的媒介。只有静下心来与身体做双向的沟通，才能体会到体位法的妙用。

呼吸法 Prānāyāma

有句名言说："呼吸就是生命。"

瑜伽特别强调呼吸的重要性。根据古老瑜伽经典记载，一般健康的成人一天一夜要呼吸21600次。也就是说，每分钟必须呼吸15次，每4秒钟就呼吸一次。一个人在休息时的呼吸次数较少，行动时的呼吸次数较多。根据瑜伽的观念，寿命长短与呼吸的频率有关。这个观念在爬虫类与哺乳类动物身上相当正确：乌龟的呼吸很慢，所以寿命长；老鼠呼吸急促，所以寿命短。据中世纪瑜伽经典《Gheranda Samhita》所说："降低呼吸的频率，可以增加生命的能量；增加呼吸的频率，就降低生命的能量。"《湿婆经》也说："人体的呼吸循环如果能够均衡发展，就能散发出甜美的芳香，变得强壮且美丽。智能的修行者透过呼吸循环去除业障，无论是此生或前世。"许多瑜伽修行者相信，借由努力控制呼吸，他们可以成为命运的主宰。

自然的呼吸应该是在吸入空气时扩张下腹部，吐出空气时收缩下腹部。然而，大多数人的呼吸习惯并非如此，呼吸循环仅达胸部区域。此外，许多人用嘴巴呼吸，而不是用鼻子，特别是在激烈运动时，总是张着口呼吸。长期维持这种呼吸习惯，将会引起专注力的丧失、生理的不适与心脏的问题。密教传统认为，如果以不自然的方式呼吸，又释放出过多的能量，就会出现提早衰老、性无能、情感与心理问题。

完整的呼吸应该包括吸入、循环、呼出三个步骤。

吸入应自然而不使力，空气随着腹部扩展而进入。当空气吸入时，身体的下半部就像是壶一般，瑜伽术语称之为"kumbhak"，意指"容器"。呼吸的循环是关键。在吸入的过程里，吸入空气为肺部吸收，重新取得活力，而呼出的过程则是排出系统的废物与多余的产物。密教建议，吸入时要想象正在吸收生命的梵天能量，循环时要想象空气流过了全身，呼出时要想象所有负面能量、生理废物或紧张都离开了人体，至此完成一个进化过程。呼吸过程的三个部分应协调一致，过于急促或排斥都不好。进一步而言，一个人应该在呼吸的过程里陶冶心灵的觉醒。

瑜伽呼吸法的目的，是通过各种不同的呼吸方法（根据个体身心状况的不同而确定）有效地按摩内脏，刺激各生理腺体良性的分泌，激活脉、轮（可能也相当于中医所说的经络、穴位）的潜在力量，更好地清理洁净身体，由此，为更高级的精神修养和灵性的开发奠定基础。吸入空气多，可以使人减少需要呼吸的次数，这时身体吸收的氧气总量应该是差不多的（氧气交换主要取决于血液和空气中的浓度，以及氧气和二氧化碳的相对比例）。呼吸深长、缓慢同时对调解人的精神状态也产生很强的效用，使人气倾向平静、安稳。

从呼吸的各个部位来看，呼吸可以分为很多种类：

胸式呼吸法：慢慢吸气时，把气体吸入胸部区域，胸骨、肋骨向外扩张，腹部应保持平坦。当你吸气量加深时，腹部应向内收紧。呼气时，缓慢地把肺内浊气排出体外，肋骨和胸部回复原位。

腹式呼吸法：吸气时，用鼻子把新鲜的空气缓慢深长地吸入肺的底部，随着吸气量的加深，胸部和腹部之间的横膈膜就向下降，腹内脏器官下移，小腹会像气球一样慢慢鼓起。呼气时，腹部向内、朝脊椎方向收紧，横膈膜自然而然地升起，把肺内的浊气完全排出体外，内脏器官复原位。

完全呼吸法：是把胸式呼吸和腹式呼吸结合在一起完成的正确自然的呼吸。轻轻吸气时，首先把空气吸入到肺的底部，腹部区域涨起，然后是空气充满肺的中部、上部，这时，就是从腹式呼吸过渡到胸式呼吸。当你已经吸入到双肺的最大容量时，这时你会发觉腹壁和肋骨下部向外推出，胸部只有些微移动。呼气，按相反的顺序，首先放松胸部，然后放松腹部，尽量把气吐尽，然后有意使腹肌向内收紧，并温和地收缩肺部。整个呼吸是非常顺畅的动作，就像一个波浪轻轻从腹部波及胸膛中部再波及胸膛的上半部，然后减弱消失。

经过一段配合正确呼吸法的体位练习，用心来关注自己身体和心灵的变化，你的身体会告诉你真实的感受。

从呼吸的过程来分：

有屏息与不屏息两种。而屏息又分为呼气后的屏息与吸气后的屏息两种。

从呼吸的功用来分：

有左鼻孔呼吸、右鼻孔呼吸、左右鼻孔交替呼吸等三种。■

改变你的呼吸，就改变了你的身体；
改变你的呼吸，就改变了你的心灵；
改变你的呼吸，就改变了你的命运。

——瑜伽箴言

太阳一月亮呼吸法

PART 4

第肆部分

Yoga —The Numen of Health

瑜伽——健康的守护神

存在即合理，这是生活的辩证法。
何况是已经存在了6000多年的瑜伽。
就连著名的科学家爱因斯坦、思想家爱默生、哲学家梭罗等，
都对古老瑜伽文献中所蕴藏的智慧和科学的健身方法表示出惊讶和赞叹。
瑜伽在现代预防疾病领域中的贡献也受到广泛的重视。

瑜伽源于古印度，乃苦修者借模仿动物的姿势并加以修正而成，是顺应自然法则，配合呼吸调息、动静平衡、身心统一等要诀来刺激身体恢复本身的自觉与自愈能力的一种健康法门。事实上，修行者们最开始就是因为感受到动物能够借助不同的姿势使得自己的病痛不治而愈的这种神奇的力量，所以才想出学习动物的姿势以求得自身身体的强健。人类对健康的渴求本就是瑜伽诞生的初衷。

瑜伽认为：大多数疾病是由于生命能量不足而引起的，整个身体都缺少生命能量或者身体某部分生命能量受阻时，会使得身体对于疾病的抵抗力或免疫性降低。当生命能量减少时，会造成活力下降，容易感染当时流行的任何疾病。瑜伽修行者认为，如果生命能量强到足以对抗感染原，一个人根本不会生病。病原（细菌、病毒等等）是生命的正常一部分，只会在身体抵抗力弱到无法监督它们时才会出来捣蛋。瑜伽的观点还认为，任何疾病的产生、生理功能的失调都与不妥的生活方式、不良的生活习惯、不当的生活饮食和负面的心理状态有关。

总结来说，瑜伽可以从四个方面来使你达到健康的状态：

1. 体位法本身的巨大效能

瑜伽的理疗实际上与中医经络学相似，对现代人常犯的慢性疾病有一定的效果。瑜伽对高血压、肠胃病、肝病、肺病、肾病、失眠、头痛、神经衰弱、肩周炎、腰背痛、颈椎病、中风等现代医学中的疑难杂症都有着独特的疗效。

瑜伽体位法借由一些扭转弯曲伸展的表态动作及动作间的呼吸使身体不同部位扭动、挤压，能按摩、刺激、激活身体各个部位，伸展肌肉韧带和僵硬的肌腱，缓解肌肉酸痛，使关节灵活和有韧性，对肌肉以及骨骼疾病有一定的疗效。

体位法还可以疏通全身经络，促进血液循环，按摩身体内脏器官，活化及增强身体各器官的功能；促进体内新陈代谢的作用加快，消除便秘，即消化了多余的脂肪及囊肿废物；净化血液，使肝脏的郁气得以舒泄，肾脏的功能得以加强；外展的动作也有利于心肺功能的加强，刺激松弛的腺体，增加释放荷尔蒙，刺激腺体的正常分泌，使身体内精微力量得到协调和控制，从而带来身体的强健。练习体位法的这个过程可以唤醒并开悟内在沉睡的能量，对人体的生理机能进行自我调节和修复，从而达到对常见病进行辅助治疗的功效，使病变的器官逐渐被修复并实施正常职责。

瑜伽体位法，其实归纳起来主要是围绕着脊柱来锻炼。通过脊柱的向前、向后、向左、向右和扭转等动作，使脊柱灵活、脊神经强壮、气血畅通。这也是瑜伽防治疾病的一个原因。

2. 为你建立强而有力的免疫防线

瑜伽实际上是一种自疗法。通过自身的调节，让身体的免疫功能不断加强，这才是练习瑜伽的最终目的。

在瑜伽的古典教材中，瑜伽运动通过缓慢、极限的姿势配合深长的呼吸，能够促使脑内产生“邱备威沙尔加（由脑内上部分泌的甘露）”，还有苏摩（soma）、长生水（amiita）等分泌物也会被释放出来。藉着这些分泌的强大效力，舒缓调和身体内部，使各个系统的功能得到恢复并加强，人的身体才会健康，并产生最大活力，提高免疫能力，发挥人体的潜在能力，全面抵抗致病菌的侵袭，从而从根本上防止疾病的产生。

瑜伽为你筑起一道防卫阵线，为你的健康备战及作战。

3. 帮你培养良好的生活习惯

人的健康状况与平时的生活习惯密切相关。

瑜伽是一种简单的生活方式和生活的艺术，可使人们放弃那些对健康有摧残力的习惯及克服不良的行为，对生活也抱有正确的态度。

以现代生物医学术语言之，不良的生活习惯行为是一种神经性习惯的外在反映，是为了满足一种神经性需要。在瑜伽练习过程中，其功效直接作用于神经系统而使其得到修复和强壮，进而使因神经紧张所引发的各种不良生活现象都能得到按部就班的解决。当神经系统通过瑜伽姿势和呼吸法的安抚而稳定发展时，习瑜伽者就根本不需要人为地使其平静。

瑜伽要求练习者不抽烟、少饮酒，这一点对于人类健康的重要性是不言而喻的。

如果你能以瑜伽的饮食观安排自己的饮食，你更多地摄入的是对自己的身体有益的食物。

预防疾病的发生是一个长期的过程，瑜伽让你的不良生活习惯悄然改变，潜移默化，从而成倍地提高生活质量，最终达到健康的目的。

4. 瑜伽独有的心理疗效

瑜伽放松法有助于缓解身心的压力。如果心理长期处于紧张状态，抵抗力便会减弱，疾病自然有机可乘。瑜伽的很多放松法都有极大的放松及静心作用，给人一种既松弛又平和的感觉。将这份感觉伸延到日常生活里，人际关系便会变得和谐，并能对周围的一切感到更宽容、更自在。

长期练习瑜伽姿势、调息法及放松法不但可防治多种生理疾病，如糖尿病、高血压、饮食失衡、关节炎、静脉曲张、胃肠疾病等慢性疾病，由于瑜伽调息、冥想时使自身与环境统一，消除对立，使自己的意念与行动一致，这对人们心理及精神方面有很大的影响力，所以还被用来改善人的精神健康状况，帮助人们减轻精神压力、恐惧感、攻击性以及增强适应社会的能力，帮助人们更好地体会当下生命的意义和价值。

瑜伽的冥想在这方面的效果要明显一些，它帮助人们达成的身、心两方面的益处是非常深刻而广泛的。冥想，不仅能有助于生理疾病的根本消除，而且对于现代人普遍存在的心理疾病，如紧张、焦虑、习惯性压力、浮躁、负面的情绪、混乱的思考、悲观、狂躁等都有极好的治疗效果，能帮助现代人建立一个身心完整健康的生命状态。

保持健康愉悦的心情，各种心理疾病自然远离你，面对生理上的疾病，你也更有信心以及毅力，也就获得了战胜痛苦的能力。

同时，我们也为瑜伽的治病原理找到了医学上的众多辅证。在欧美和印度的医院，瑜伽已经作为一种普遍的治疗方法而被广泛应用。

发表在《北美风湿性关节期刊》的一项研究证实，瑜伽能减缓骨关节炎和手腕道症候群引起的疼痛。2000年4月，《印第安纳生理药理学期刊》发表一项高血压患者的研究发现，瑜伽和药物治疗对于控制高血压，有同样显著的成效。另一项实验发现，受试者练习4个月的瑜伽之后，觉得自己“身心更健康、有幸福感”的主观感受增强。史丹福大学也曾做过研究发现，瑜伽的伸展训练能强化肌肉、骨骼，有助预防骨质疏松症、减轻背痛，甚至可作为复健的辅助治疗。

印度和世界其他国家利用适当的检验方法对瑜伽进行了系统的研究，以评价其对于疾病的预防、激发和医治的潜力和可能性。印度一些有声望的机构，如新德里的生理及相关科学防护学会(DIPAS)、新德里的全印医学科学会 (AIIMS)、班加罗尔的全国神经康健与神经科学学会(NIMHANS)、班加罗尔的韦委卡南达瑜伽学会 (VYK)和罗纳瓦拉的罗纳瓦拉瑜伽学校，都从生理学、生物学、心理学和医学方面对瑜伽功进行了广泛的研究。新德里的全印医学科学会早期的研究集中在瑜伽功练习者的生理潜在能力方面，这些人在气体密闭的地下室里通过降低新陈代谢机能或通过意念减缓心率而产生超常能量。这些研究表明，长期坚持练习瑜伽功有助于发挥意念控制自主神经系统。

已经进行的研究显示，练习六个月的瑜伽功就能够强化身体的各项机能，在处于压抑时自动平衡稳定心态；有效地加快身体新陈代谢思维速度；改善温度调节效能；改善体质灵活适应能力和工作高度紧张时的体质能力；提高大脑功能，例如专注、记忆、学习能力、警惕性等。某些瑜伽活动也同时表现出了在控制和平衡原发性高血压和提高基本生理机能方面的医疗潜力。

但是我们要意识到：瑜伽的理疗作用并不是一下子就成的，需要坚持不懈的恒心，加以时日，瑜伽定会带给你身心的双重健康。

Indian Physical Therapy
Yoga Courses

第伍部分

Part 5

印度理疗瑜伽课程

体位法的练习，
可以使身体内的精微力量得到协调和控制，
从而带来完美、平和。
这个过程能唤醒内在沉睡的能量，
对人体的生理机能进行自我调节和修复，
从而达到对常见病进行辅助治疗的功效。
在景丽专业的引导下，通过相关功法和体位的练习，
在瑜伽的奇妙世界里，去享受健康的身体给你带来的愉悦生活。

一、畅通循环系统 维护能量通道 Circulate System

循环系统是人体的动力系统，心脏这个循环泵是人体发动机。而分布全身的血管是运送动能的管道，保养不好或者清洁不当会导致栓塞、硬化。

长期压力巨大、精神紧张，这会使得血压升高、心率加强，心脏负担就会增加。世界卫生组织统计：心脏病是人类健康的头号杀手，全世界1/3的人死亡是因心脏病引起的。长期坐在办公室里，使得血液中的脂肪颗粒过多，会使血液变得粘稠，高血脂随之而来。明明一大堆的烦心事，心里窝着一团火，又不能在办公室里发泄出来，难受得不得了。胸闷气短、头晕乏力、易疲劳、心率不齐……循环系统中最容易患上的心血管疾病的预防真的是刻不容缓了！

现代医学专家话你知

循环系统（Circulate System）是连续而封闭的管道系统，包括心血管系统和淋巴系统。

心血管系统：由心脏和血管所组成。血管又分为动脉、静脉和毛细血管三大部分。心脏是动力器官，血管是运输血液的管道。通过心脏有节律性的收缩与舒张，推动血液在血管中按照一定的方向不停地循环流动，称为血液循环。血液循环是机体生存最重要的生理机能之一。由于血液循环，血液的全部机能才得以实现，并随时调整分配血量，以适应活动着的器官、组织的需要，从而保证了机体内环境的相对恒定和新陈代谢的正常进行。循环一旦停止，生命活动就不能正常进行，最后将导致机体的死亡。

淋巴系统：由淋巴管道、淋巴器官、淋巴组织组成。淋巴系统是人体对抗传染病的天然抵御屏障，由淋巴管连接一连串的淋巴结所组成。这些细小的淋巴结主要分布在颈内、腋窝和腹股沟内，其他的淋巴结分布在胸腔和腹部。我们身体内的组织制造一种称为淋巴液的清澈的液体，靠着淋巴系统在体内循环。淋巴细胞的作用在于抵抗感染。例如，如果喉咙痛，你或许察觉颈内的淋巴结胀大，这就是你身体内的淋巴系统正在与传染病毒作战的缘故。

循环系统只有在获得适当营养的情况下，才能使静脉与动脉不受胆固醇或其他物质阻碍而保持顺畅的血液流动。当循环系统无法发挥功能时，便可能导致心律不齐、动脉硬化、高血压以及胆固醇浓度过高等各种心脏疾病。

瑜伽能改善你的循环系统

人体血液循环把营养输送到各组织，这就是与营养供给紧密相关的循环系统。循环系统包括负责血液循环的器官，即心脏、动脉、静脉及毛细血管。

血液循环最重要的器官就是心脏，心脏的收缩和放松完成血液全身循环。心脏由最强壮的肌肉构成，通过合理的瑜伽锻炼可变得更加健康。瑜伽体位法可抬高横隔膜，由下部按摩始终处于工作状态的心脏，让心脏交替处于减压的状态下，使得心脏更加强健。体位法里的**膝盖旋转与弯曲式、拉弓式**可以交替对心脏增压，**英雄式、犁式**也能发挥同样的作用。不同的瑜伽体位法产生的交替增压—减压可促进心脏健康，增加血液循环的有效性。

血液循环系统的所有器官里，静脉是最弱的，但它们担负着从全身收集血液顶着重力输送到心脏的重任。这一重任给微弱肿胀的静脉以巨大的压力，因此静脉比任何其他的循环系统器官都急需外部援助。瑜伽先知发明了极为简单的办法来帮助静脉，他们创造了**头倒立式、肩倒立式、倒转式**一系列倒立的姿势，由于人体倒立，静脉无需承受流经它们的血液的压力，可以毫无压力地把血液输送到心脏，效果无与伦比。瑜伽体位法产生的静脉短暂的缓解效果显著，可以保持及恢复静脉健康。备受静脉肿胀困扰的患者每天进行几分钟的瑜伽锻炼就能康复。静脉健康得到改善，也更有利于心脏按摩。整个循环系统发挥着自己的作用，把蛋白质、脂肪、糖类、盐分输送到构成身体不同部位的组织里面。

瑜伽体位法还能分解脂肪，降低血液中的胆固醇，减轻循环系统的压力，增加心脏功能，帮助微细血管增生，小血管变粗，血管比较不会阻塞。而且能够促使身体制造另外一种好的胆固醇（HDL），可以清除动脉壁上所沉积的坏的胆固醇（LDL），减轻管壁硬化现象，心脏会有比较好的调适力。但要注意：瑜伽不适合于严重的心血管疾病的治疗。

除了瑜伽的帮助之外，你还要寻求到一种适合你的健康的生活状态：

- 要控制体重、不抽烟、不要熬夜。
- 调节饮食，尽量少食用高脂、高胆固醇、高热量的食物，清淡爽口的素菜是首选，减少盐分的摄入。
- 每天补充一定量的维生素 B 或者摄入富含维生素 B 的食物，有助于预防心脏病、中风以及血液凝结成块，确保循环系统的畅通。
- 养成规律运动的习惯，尤其是有氧运动，提高心肺功能。
- 定期去医院检查。
- 如果发现自己有循环系统的问题，就要避免太过激烈的运动。
- 平和的心态和充足的休息不让循环系统时时“春运”。

VICTORIOUS BREATH
成功式瑜伽调息

保持舒适的冥想坐姿，挺直头部和脊骨，闭上眼睛，放松全身，通过两个鼻道吸气，声门半开半闭，产生的声音类似于鼾声。吸气过程中，收缩腹部，扩张胸腔，快要完成吸气时，收颌收束法，根据自己的能力屏息。接下来通过左鼻道呼气，放松收颌收束法，这就完成了一轮喉呼吸。对于初学者来说，8～10次就足够了。吸气、屏息、呼气之间1∶1∶2的比例很容易做到，练习一段时间后，可以尝试1∶2∶2，然后尝试1∶4∶2。随着练习的增加，持续时间可以增加到12～15分钟。

景丽寄语

1. 不要凸出腹部。
2. 半开半闭声门时，请勿收缩面部及鼻子肌肉。
3. 尽量放松面部。

功效： 降低心脏速率，平稳呼吸，安抚情绪，对高血压患者十分有好处。还能有效改善失眠的状况。

Circulate
System

KNEE ROTATED BEND
膝盖旋转与弯曲式

1 坐下，两腿向前伸直。基本坐姿。

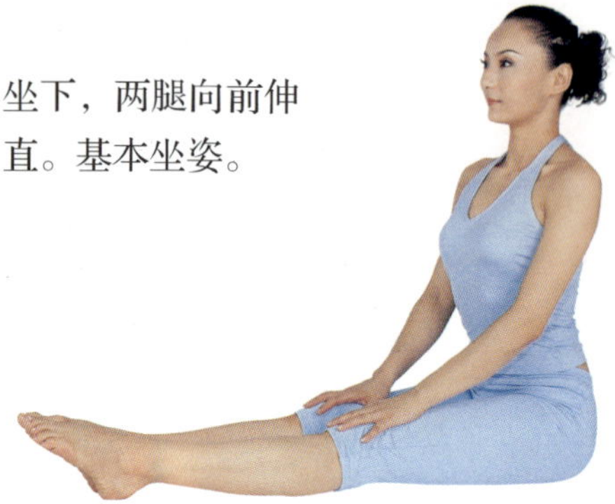

2 十指在右大腿之后相交，右膝向上弯曲。

3 保持两手放在右大腿下边的同时，伸直两臂，将右腿伸出去，脚尖绷直。

4 弯曲右膝，再次把右脚跟向右臀方向收拢。重复做12次。

5 用右膝作支点，将右小腿做顺时针方向的圆圈旋转运动，做12圈旋转运动。

6 用左脚做同样的练习。

景丽寄语

在做这个运动时，要松弛全身并特别要放松小腿的各个肌肉。抬起的脚任何部分都不要接触地面。

功效： **通过腿部的转圈带动腹部肌肉以及腹腔内器官的运动。促进血液循环，腿部以及腹部的规律运动能改变血液对心脏的供给量，交替对心脏施压，改善心率不齐的病症。这个练习还能放松膝关节，消除膝关节赘肉，美化腿形，强化腹部与大腿的肌肉，促进腿部血液循环，防止静脉曲张以及腿部痉挛。**

YOGA BODY SEAL POSE
瑜伽身印

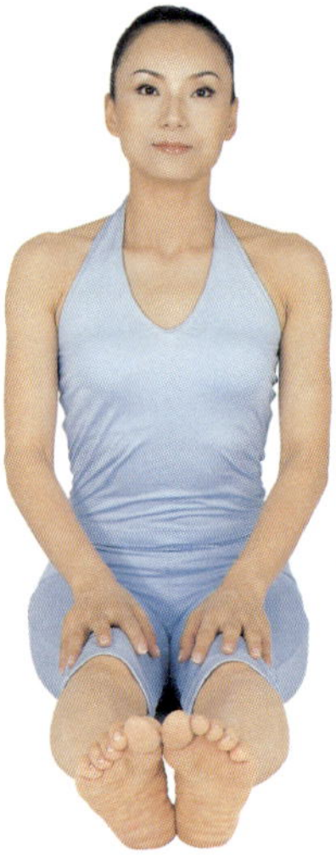

1 伸直双腿，全身放松，背挺直。

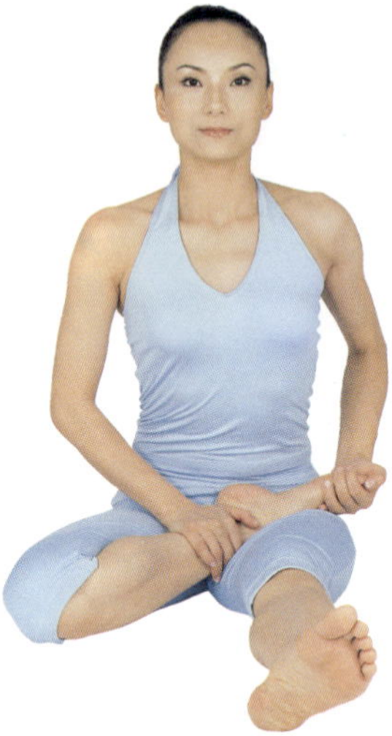

2 弯曲右腿，脚掌向上，左手握住右脚掌，拉向左大腿根部。

3 再弯曲左腿，放在右腿上，用手慢慢把左腿拉向大腿根部。

4 双手置于背后，掌心相对，十指相扣，吸气，挺胸。

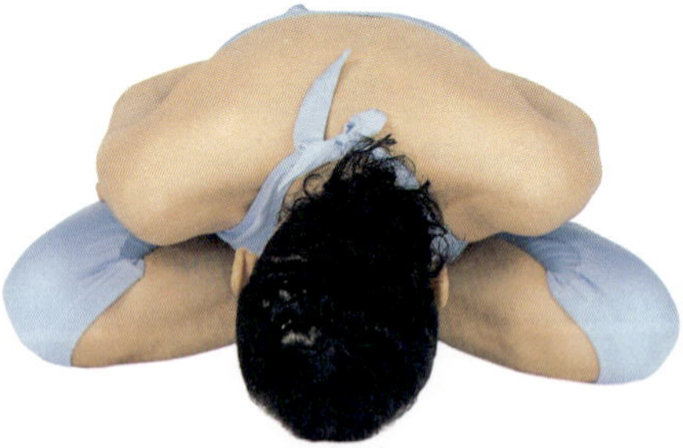

5 慢慢吐气，身体向前弯，直到额头触到地面。止息8秒钟，然后吸气起身。重复做6～8次。

景丽寄语

肩胛骨尽量打开，不要耸肩。血压高的不要止息（屏气）。

功效： 肩部向后伸展，扩展胸腔，使流向心脏的血液更加畅通；上半身下压，使得心脏得到按摩，还能促进腺体正常分泌，预防贫血。

About贫血

从前的人贫血大多起因于营养不良，而现代人的贫血最大原因就是饮食不均衡，尤其肥胖者贫血的人更日益增多。

贫血是指血液中的红血球及含血红素不足，因此贫血时，前后弯动作或蹲下再站立时，常感到头晕目眩，这些症状皆因血红素送氧功能不足所致。

一般贫血之症状为脸色苍白、指甲泛白、皮肤干燥、身体易疲劳、运动时常气喘心悸。而脑贫血多半是因营养失调、疲劳过度，导致脑部血液循环不良而缺氧，常出现之症状是脸色苍白、昏眩、冒汗，严重时会意识不清或呼吸困难。贫血的原因大致分为两种：不正常的出血和饮食习惯不正常。因受伤而导致血液大量流失、胃肠溃疡或身体某部位慢性出血，及女性生理期或分娩时出血，皆易造成贫血。

忙碌的现代人常正餐只吃快餐或偏食，皆易导致营养不良。甚至为减肥而节食，也易造成贫血。

日本医学界提倡自然餐食，他们的医学理论是“食物在肠壁的绒毛组织作用下，转换成血球”，与现代生理学所推定的骨髓造血原理截然不同。他们针对各种慢性病患者，主张主食以五谷、糙米、小麦胚芽，副食以蔬果中之叶绿素为主，并摄取酵素来帮助消化道的吸收，因此，对血液的净化及红血球造血的功能都很有帮助。其次应多吃粗糙、纤维多的食物。

一般人预防贫血可以多摄取含蛋白质的食物，如鱼、肉、蛋黄、牛奶及铁质、维他命C、维他命B群、叶酸等，尤其是维他命C，可将铁质转换得易被吸收，并能促进红血球之生成，及增强血管机能。因此，每餐应多吃含丰富维他命C的蔬菜和水果。

同时也应配合适当的运动，促进全身血液循环，并强化各器官之造血功能。瑜伽身印可矫正脊椎，刺激自律神经，将可改善贫血症状。

BOW PULL POSE
拉弓式

1 坐式，伸展头部。双腿向前伸，双手抓住双脚的大拇指。

2 吸气，用右手将右脚拉至右耳侧，左手保持原有姿势，保持姿势5次呼吸。

3 换左腿做同样的动作。

4 坐式，双腿向前伸，左手在右手下方，交叉抓住双脚大拇指。

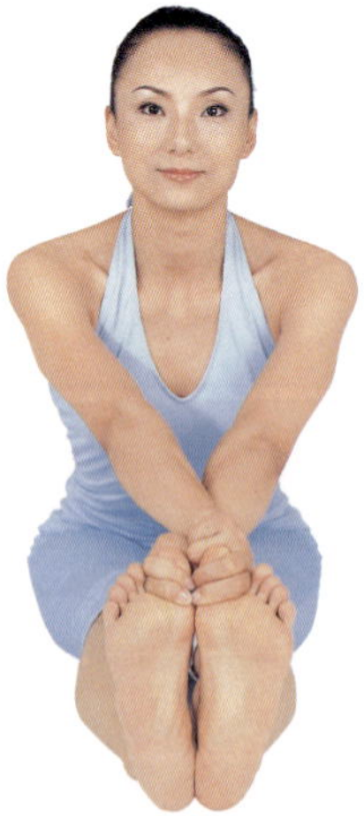

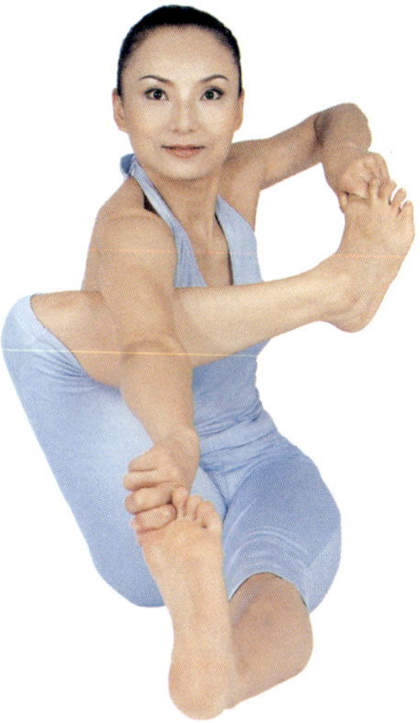

5 用左手将右脚拉至左耳处，右手保持原有姿势。保持姿势5次呼吸。

6 换腿做同样的动作。

辅助物

如果手无法顺利地勾住脚的大拇指，借助弹力带连接。

在将脚拉至耳边时，如果髋关节不够灵活，也可以借助弹力带。

功效： 调动全身关节与肌肉，软化血管，加快血液流通速度，预防动脉硬化。消除髋关节的僵硬，防止疝气。拉伸腘绳肌，消除臀部与大腿根部的多余脂肪，塑造浑圆挺翘的臀形。

HERO POSE
英雄式

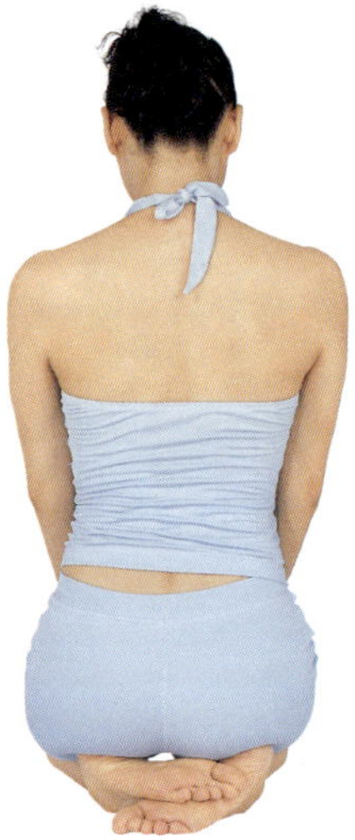

1 跪在地上，双膝相靠，把一只脚放在另一只脚上，并把臀部置于其上。

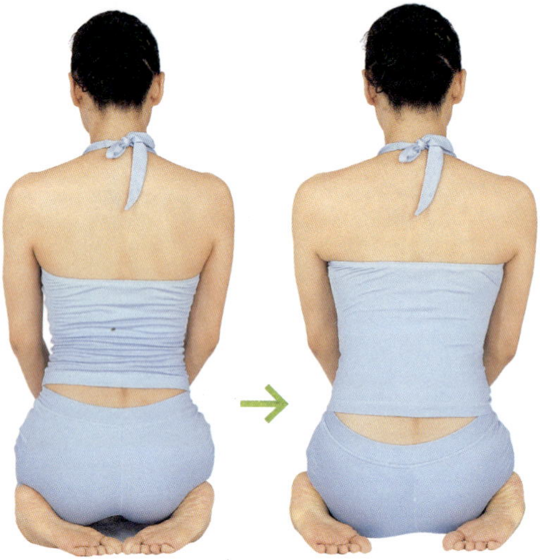

2 逐渐移动脚趾，直到双脚分开4～5厘米。

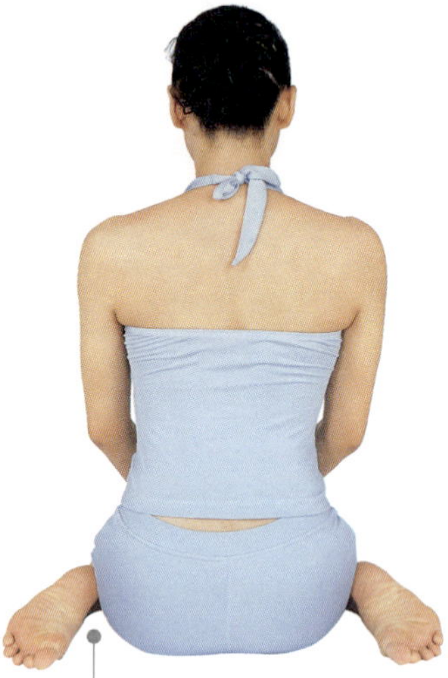

前视图

3 臀部坐在地面上，而不是坐在脚上。双脚放在大腿侧，两小腿内侧要紧靠大腿外侧，脚趾朝后，放在地面上。手腕置于膝上，手掌朝上，大拇指和食指相合，其他手指伸直。背部挺直。尽你所能保持这个体式，深长地呼吸。

景丽寄语 注意坐在地上时，背部挺直，臀部端坐其上。

4 现在手指相交，伸直手臂过头，吸气，掌心向上。保持这个体式一分钟，深长地呼吸。

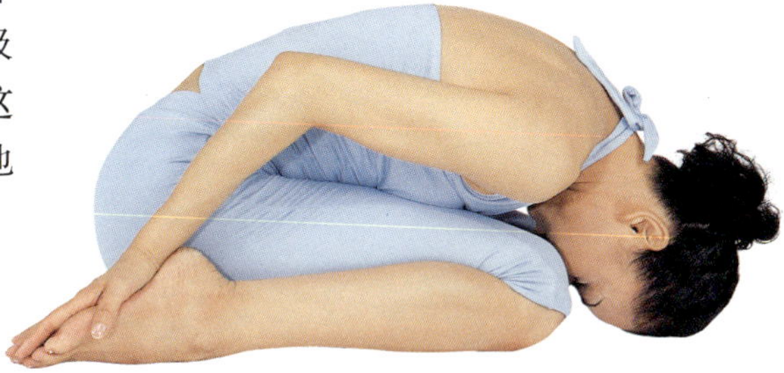

5 呼气，松开双手，手掌放在脚底上，身体前弯，下巴置于膝上。

辅助物

如果身体僵硬无法下压，也可以在大腿与小腿之间以及胸前各垫上枕头，额头放在瑜伽砖上。

步骤3如果臀部不能顺利地坐到地上，可以在大腿与小腿之间或者臀部下面放上垫子。

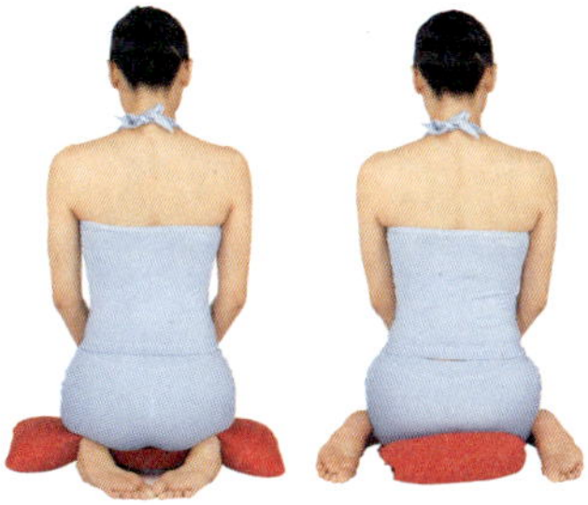

功效： 这个体式可以治疗膝关节风湿和痛风，改善腿部血液循环。对于平足也很有好处，由于脚踝和脚部得到伸展，因此有助于改善平足的状况。那些脚后跟疼痛的人或者脚后跟长有跟骨刺的人通过练习也将缓解疼痛，骨刺将逐渐消失。即使在刚刚就餐完也可以练习这个体式，它可以缓解胃部的坠胀感。

INCREASING SPINE EXTENDED POSE
增延脊柱伸展式

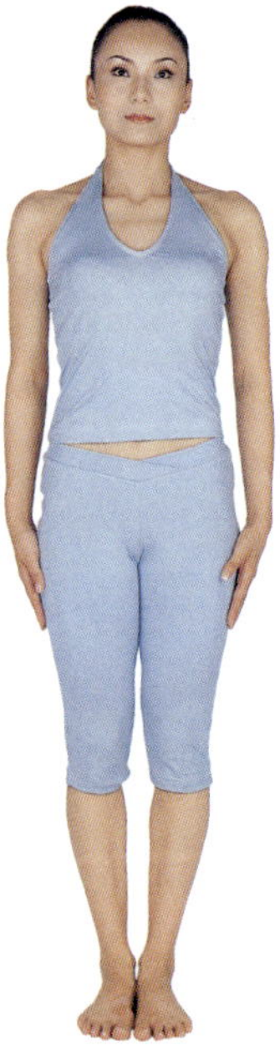

1 开始时先做基本站立式。

2 两膝保持伸直不屈，呼气，向前弯身，先把两手手指放在两脚旁的地面，然后双掌掌心也贴地。

3 吸气，尽量把头抬高，伸展脊柱，用脚趾向前移动少许以便让两髋稍微向前，使两腿与地面垂直。保持这个姿势大约做完两次深呼吸之久。

4 然后呼气，放低躯体直至你的头靠着双膝以下的小腿前面。一边深呼吸，一边保持这个姿势30秒～1分钟。

简易动作

上半身无法下压代表你脊椎僵硬，那么就先用手扶住膝盖吧。

景丽寄语 可能要花一些时间，你的身体才能够变得足够柔韧，以便能够完美地做到这些及其他一些姿势。在不使身体过于勉强用力的情况下，尽可能做到接近理想的姿势。

功效： 增延脊柱伸展式可增强人体的弹性。腘膀腱得到放松，脊柱得以伸展，脊柱神经得到补养、加强。向前弯有助于强壮双肾、肝脏和脾脏，它有助于减少月经期间下腹与骨盆部位的疼痛，因而对妇女有用。向心脏血流的增加有益于大脑、面颜组织和头皮。这个姿势还能使心率慢下来。对于患抑郁沮丧或过分激动的人而言，这也是一个极好的姿势。

SIDE PLOUGH POSE
侧犁式

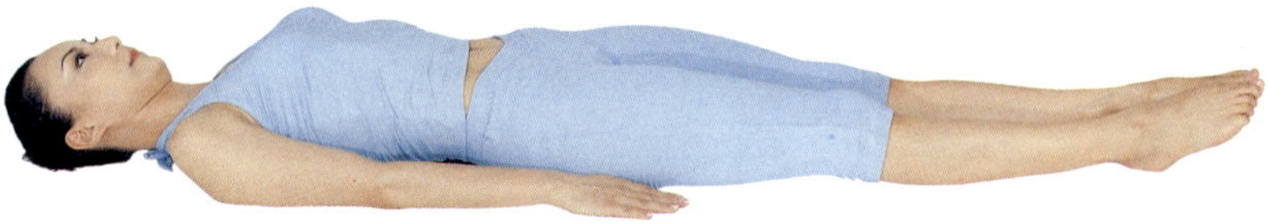

1 平直仰卧，两腿伸直但放松，两脚并拢。两手应平靠体侧，掌心向下。以此姿势放松至少15～20秒钟。

景丽寄语 记住在练习的整个过程中，两膝保持平直。要确保你的头部不离开地板以免破坏动作的连贯性。

2 吸气，一边保持两腿并拢、两膝伸直，一边两掌轻轻用力向下按，收缩腹部肌肉使两腿离开地面举起，升到躯干上方。

3 当两腿上升至躯干成垂直角度之后，呼气，并继续将两腿向后摆至两脚伸过头后。当你这样做时，你的臀部和下背部自然会离开地面，如图示。

4 如果你的躯体相当柔软，你的脚趾就会碰到地面。保持这个姿势10～15秒钟，缓慢而有规律地呼吸。

5 现在将双脚更向头后送去，两臂滑向背后。这会将更大重量移至脊柱的顶部。

6 在感到舒适的情况下，尽可能地把两腿转向右方，伸直你的双腿，正常地呼吸，保持这个姿势20秒。

功效： 这个体式能刺激血液循环。除了滋养脊柱神经之外，血液还流入头部，滋养面部和头皮，甲状腺也得到调整，身体的新陈代谢作用也获得改善。

它也收缩腹部器官，给它们补充活力。它刺激、促进消化功能，帮助消除便秘；它有益于肾脏、肝脏、脾脏、胰脏、各种内分泌腺体和生殖器官；它消除胃部的气胀疼痛，有助于纠正月经失调的毛病。侧犁式也帮助治愈各种头痛、痔疮和糖尿病。

这个体式不仅仅使背部，而且使整个身体都得以伸展。它消除肩膀和两肘的僵硬感；它补养和增强胭膀腱肌肉，有助于消除腰围线、髋部、腿部的脂肪。它甚至有助于治好手部的痉挛。

HEADSTAND POSE
头倒立式

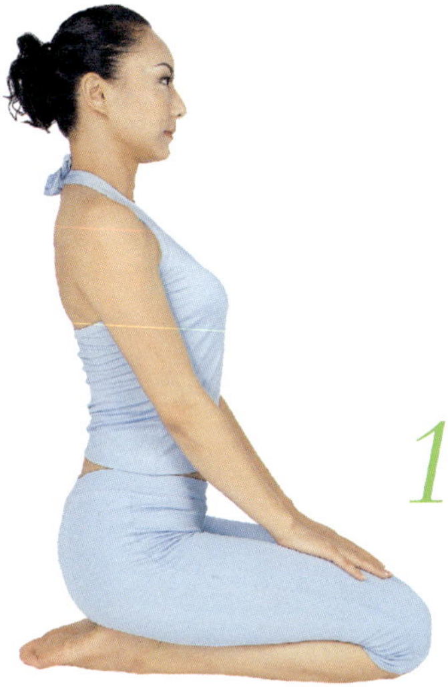

1 臀部坐落在脚跟上，两掌放在大腿上。

2 两手十指相交。腰部以上向前弯下，将相交的两手及前臂置于你前面的地板上。

景丽寄语 初学者可以抵着墙做头倒立。动作结束后，从头倒立姿势恢复到开始的准备姿势这一步至关重要。千万不可一下子倒下或突然收腿落地，马上站立起来。

3 继续向前弯腰，使头顶挨着地板，后脑勺正好紧靠交叉的手指，臀部相应抬起。

4 将脚趾轻轻撑住地面，将两腿慢慢伸直，使臀部抬起至最高点。将两足趾踮地，如小步行走似的向头部靠拢，使臀部更加推向头的上方，脊柱伸直近似与地面垂直（但不要把腿收得过多，以免向后倾倒）。

5 当感到身体平衡稳妥时，缓缓将膝部弯曲，将两脚从地板升起来，膝部仍弯着。把弯曲的双膝尽量靠近胸部，呈屈膝倒立姿势。

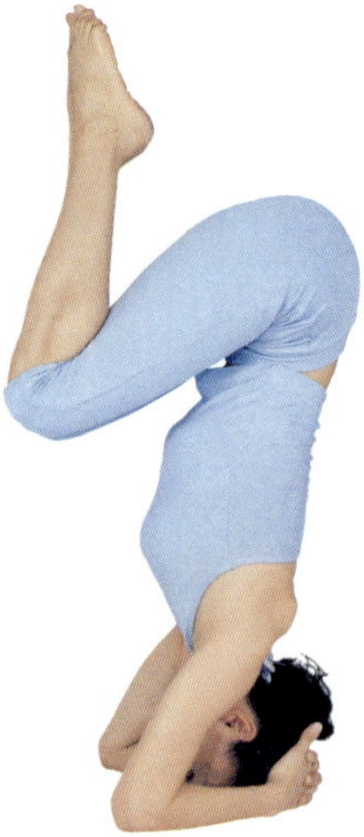

6 在上述姿势稳定的基础上，小心缓慢地将两腿渐渐伸直。

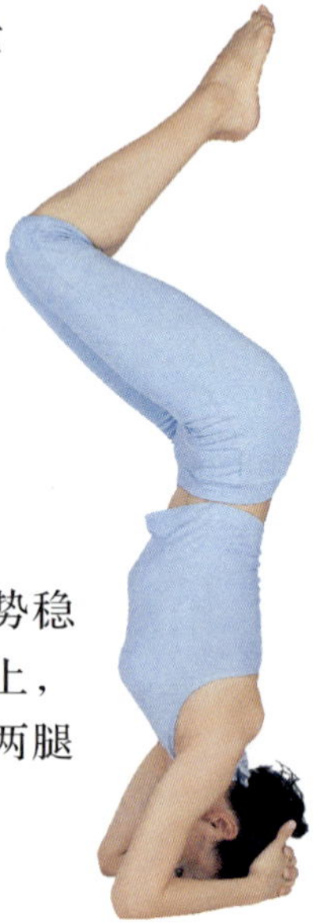

7 直到全身呈完全垂直的倒立姿势。

功效： 头倒立式由于对所有器官中最重要的器官——大脑有极为良好的效果，所以就成为所有瑜伽姿势中最著名和最重要的姿势了。它使人体所有的系统上下颠倒，这使脑细胞充满活力并得到增强，从而增进人的心智能力和警惕机敏。涌入脑子的血流增多对松果腺和脑下腺（垂体）有益，而这当然对全身的健康有益。经常地练习头倒立式也会消除失眠和记忆力衰退的症状。

头倒立式不仅恢复大脑的精力，还使双眼、头皮、面颜组织和肌肉都充满活力，肤色也有改善。增加了的血流加强眼肌功能，并有助于防治脱发、秃顶。我们平日坐立行走的活动使内脏器官处于受到压挤的紧迫状态，而现在内脏器官可以摆脱这种状态而获得极为需要的休息。倒立式也增强双肺的功能，这大大有助于防止和治愈感冒、咳嗽、扁桃腺炎和口臭。它也使身体温暖，有助于消除便秘和治愈痔疮。这个姿势练了一定时日，也可改善血液中血球蛋白的含量。

此姿势还能使两腿血管得到休息，对治疗静脉曲张有益。它有助于减轻差不多所有腺体包括和性健康有关的那些腺体的毛病。头倒立式还附带有消除头痛、枯草热、哮喘和精力衰退的作用。

内部清洗法

由于身体的清洗能带动心灵的净化，瑜伽行者发明了内部清洗法，借由简单的动作，让人保有洁净的身心，它对于许多疾病都有很好的疗效。

◎鼻腔清洗法

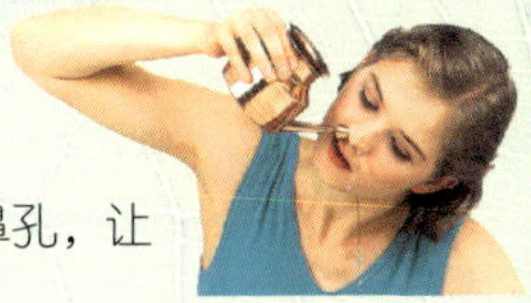

此法可维护鼻子及鼻腔内部之清洁。如果每天练习，就能有效对抗脏空气、灰尘或花粉，改善气喘、过敏及其他呼吸疾病症状。

将1/2小匙的盐溶解于1杯温水中，头偏向左边憋气，将洗鼻壶的水倒入右鼻孔，让水从左鼻孔流出，擤一擤鼻子然后换边练习。

◎洗胃法

此法能将胃壁上多余的黏液及食物清除掉，对食道也有清洁作用。将长5公尺、宽5公分的纱布浸在稀释过的盐水里（跟洗鼻用的一样），然后放到嘴里。第一次可先试着吞进30公分，以后每次练习多吞一点，直到能吞进整条纱布为止。

1. 将纱布一端放进嘴里咀嚼，边嚼边吞，直到只剩一小段。
2. 让纱布停留在胃里几分钟，以清理胃壁，然后再从嘴巴拉出来。练习前请先空腹，建议每星期可清洗两次。

◎洗眼法

将点燃的蜡烛置于身前一手臂长、眉心高处。直盯着火焰1到3分钟，不要眨眼，泪液会清洗眼睛及泪管，最后闭眼观想眉心。洗眼法能改善视力及提升专注力，并可作为静坐的准备动作。

饮水法

水是所有疾病的良药。如果知道如何正确使用水，几乎会使所有的疾病减轻。

“水”在印度密教传统中被称为“神饮”。瑜伽体系认为水对人体有洁净的作用，并建议习瑜伽者每天尽可能多喝水，因为人的生理机制不尽相同，很难制定划一的标准，只要量控制在习瑜伽者感觉适宜的极限内就好了。

为了维持身体内在的功能正常，以及保证内在液体的平衡，每个人每天应该喝足量的水。一个健康的人每天应该喝三至四公升的水；病人应喝四至五公升，皮肤病患者则应喝五至六公升。足量的水可使疾病有很大的改善。光喝水很好，如果能加点柠檬汁及一点盐则更佳。这种有益健康的液体可以培养出健康的体格，预防身心方面的疾病。但是一次性喝大量的水有害身体，对患有心脏病的人尤其有害。

二、强健消化系统 充盈生命之源

Digestive System

Office Men

8：00 早晨起床，匆匆忙忙赶去上班，公交车、地铁是不会等你的，打卡钟也一秒都不会慢，算了，早餐不吃了吧。

12：00 工作还没处理完，下午茶的时候再吃东西吧。

18：00 肚子好饿，点了两人份的晚餐，吃得精光。

20：00 和朋友们一起泡吧，喝了很多酒。

Office Women

本来是想减肥的，所以开始吃减肥药。一天上十几遍洗手间，瘦也许是瘦下来了，但是胃经常一抽一抽地疼，稍微刺激一点的食物都受不了，更可怕的是：一旦停止吃药，便秘便如影随形，每次排泄都是一次异常痛苦的经历……

消化系统是人体的能量供应系统，主要的功能如同食物打碎机，需要及时填充和分解。可是你呢？要么吃得太快，食物打碎机的刀刃很快就会磨损；要么不按时吃饭，饥一顿饱一顿，强行开启没油的打碎机；再不就是吃饭后马上工作，大脑和胃抢夺血液，供能不足，不但无法完成打碎和润滑的分解功能，导致消化不良，长此以往还会加速腺体萎缩；暴饮暴食，导致消化功能紊乱；膳食结构不平衡，爱吃各种高脂肪、高蛋白、高热量的食物，消化系统负担过重导致慢性肠胃病……

现代医学专家话你知

消化系统（Digestive System）由消化管和消化腺两部分组成。

消化管是一条起自口腔延续为咽、食管、胃、小肠、大肠，终于肛门的很长的肌性管道，包括口腔、咽、食管、胃、小肠（十二指肠、空肠、回肠）和大肠（盲肠、结肠、直肠）等部分，其功能是消化食物、吸收营养、排出消化吸收后的食物残渣。消化腺有小消化腺和大消化腺两种。小消化腺散于消化管各部的管壁内，大消化腺有三对唾液腺（腮腺、下颌下腺、舌下腺）、肝和胰。

消化系统的基本功能是食物的消化和吸收，供机体所需的物质和能量，食物中的营养物质除维生素、水和无机盐可以被直接吸收利用外，蛋白质、脂肪和糖类等物质均不能被机体直接吸收利用，需在消化管内被分解为结构简单的小分子物质，才能被吸收利用。食物在消化管内被分解成结构简单、可被吸收的小分子物质的过程就称为消化；这种小分子物质透过消化管粘膜上皮细胞进入血液和淋巴液的过程就是吸收。对于未被吸收的残渣部分，消化道则通过大肠以粪便形式排出体外。

瑜伽能改善你的消化系统

消化的主要器官有胃、肠、胰腺、肝脏。这些器官位于腹腔，受到下部盆骨及四周强壮肌肉的支撑。一天24小时，消化器官有着天然的条件，享受自动、轻微的按摩，保持自身的健康。正常呼吸条件下的腹部的运动可以对消化器官进行按摩。呼气时，腹部肌肉收缩，推动腹部内脏，包括消化器官，向里向上运动，这样就轻微按摩腹部内脏；吸气时，横隔膜压迫腹部内脏向下向前运动，在被腹部内脏压迫向前运动的同时，放松的腹部肌肉又轻微按摩腹部内脏。这样，每分钟腹部肌肉轻微自动按摩消化器官大约14～18次。这种自动轻微的按摩是大自然赋予保持消化器官健康最重要的条件。由此可见，只有腹部肌肉足够结实有弹性，才能最有效地进行这种自动按摩。如果腹部肌肉无力，就不能有效按摩消化器官，消化就会出问题。有消化不良症状的人，腹部肌肉要么僵硬，要么虚弱无力。因此，要想保证正常消化就要保持腹部肌肉强壮有弹性。

瑜伽体位法可以保持腹部肌肉的力量和弹性吗？答案是肯定的。瑜伽体位法不仅能够保持腹部肌肉强壮有弹性，保持对消化器官的有效自动按摩，还能对腹部肌肉进行特殊、强迫、有力的内部按摩，取得的成效是任何其他习练无法企及的。

伸张收缩运动会保持肌肉的力量及弹性，这已经是公认的事实。**三角伸展式、战士式**能够有力伸张腹部前部肌肉，同时收缩后部肌肉；**脊柱扭转式、半脊柱扭转式**对腹部侧部肌肉进行类似的锻炼。由此可见，瑜伽体位法可对所有的腹部肌肉进行有效的锻炼，从而使这些肌肉可以对腹部内脏进行有效的自动按摩。

腹部肌肉的力量不仅对自动按摩内脏有效，也有助于保持腹部器官各就其位。这些器官不是松垮地悬在腹腔内，它们需要前部的有力支撑，否则就会向下错位，导致各种紊乱，甚至会导致消化不良。而这种前部的支撑就由腹部前部肌肉完成，其力度与骨肉力量成正比。瑜伽体位法不仅能够帮助腹部前部肌肉强壮有弹性，自动按摩腹部器官，还能使下垂的内脏恢复原位，保证正常的消化和吸收。这样，消化系统就充分实现了供给全身组织蛋白质、脂肪、盐分及糖类的功能。

除了瑜伽的帮助之外，你还要寻求到一种适合你的健康的生活状态：

- 要保证饮食的卫生，防止病从口入。
- 多食用新鲜水果、蔬菜，少吃咸菜等腌制品。
- 对于经常需要在外应酬的人来说，更应该常备消食片，少饮酒。即使是不得不喝酒，也要注意不要空腹喝，少吃刺激性的食物，以免增加肠胃的负担。
- 多喝水，养成规律性排便的习惯。甚至可以定期到医院去洗肠，清洁宿便，排出废物。
- 慢性胃炎、胃酸过多者，可随身携带一些全麦面包片、饼干等淀粉、碳水化合物的食物，以防胃部过空造成胃部不适。

EXTENDED TRIANGLE POSE
三角伸展式

2 深吸气，跳步分开两腿，两脚距离约90到105厘米。两臂侧平举与肩齐，手掌朝下。手臂与地面保持平行。

3 左脚向左转90° ，右脚稍转向左，双腿从内侧保持伸展，膝部绷直。

1 站立姿势。

景丽寄语

伸展躯干，腿后部、后背以及臀部应该在一条直线上。

4 呼气，向左侧弯曲身体躯干，左手掌接近左脚踝，如果可能的话，左手掌应该完全放在地面上。向上伸展右臂，与左肩成一条直线。

5 换个方向做同样的动作。

辅助物

手扶在瑜伽砖上，降低脊椎下压的力度，减低动作难度。

功效： 这个体式通过脊椎的扭转，按摩腹腔内的器官，促进肠胃的蠕动，避免消化不良，预防便秘。它还能增强腿部肌肉的力量，去除腿部和臀部的赘肉。

BULL DOG POSE
叭喇狗式

2 然后呼气，躯干前弯直至双掌放在地面上。

3 吸气，头顶向前伸，臀部向后翘，抬起头来。

1 深深吸气，两手叉腰，两腿大大分开。头和肩膀向后方仰起，做两次正常的呼吸。

4 呼气，一边保持你的躯体重量放在两腿上，一边弯曲双肘，把头顶放在地面上。

景丽寄语 你的头、双掌和双脚应形成一条直线。如果腿痛，可以适当地弯曲膝盖。

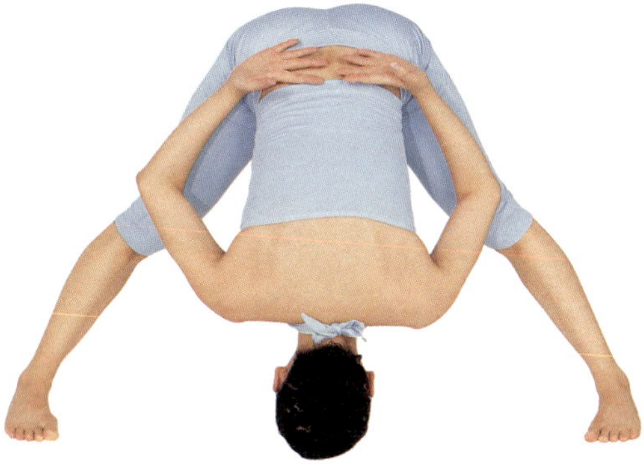

5 双手抽离地面，放到背后。

6 双掌在背后合十。

辅助物

把头放在瑜伽砖上，降低动作的难度。

功效： 对于做头倒立和其他倒立姿势有困难的人们来说，叭喇狗式是个好姿势。从这个姿势可以得到和其他倒立姿势相同的许多益处，只是程度较低。虽然它也像其他倒立姿势那样不应该在饭后立即就做，但它改善人消化食物的能力，可有效改善胃下垂，还能增加对上身躯体和头部区域的血流供应，伸展骨盆部位、腘膀腱和两腿肌肉群。

SOLDIER POSE
战士第三式

1 站立姿势，双手在胸前合十。

2 合十的双手上举。

3 吸气，左脚向前跨一小步，右脚踮起。

4 呼气，身体稍向前倾，同时抬起右腿离地，左腿伸直，像棍子一样笔直。向内转右腿使右腿前部与地板保持平行。保持这个体式20～30秒，深长地呼吸。

景丽寄语 保持平衡的同时，除了左腿，整个身体要与地板平行。右腿应该完全伸展并绷直，与地面保持平行，尽量拉伸左大腿后部，伸展双臂和右腿，感觉仿佛有两个人从不同方向把你向两边拽。整个身体像一个完整的“T”形。

功效： 通过练习这个体式，传达的是和谐、均衡与力量。它能帮助收缩和加强腹部器官，保持胃部肌肉紧缩，防止胃酸过多，有效治愈胃溃疡。这个体式使腿部肌肉更为匀称和强健，也能够激发身体的活力和促进身体的敏捷。

STAFF POSE
手杖式

1 坐下，两腿向前伸直。基本坐姿。

2 双手掌心相对，前伸，与地面平行。

3 呼气，躯干稍向后靠。

4 从地面抬起双腿，膝部绷紧，使其如一根棍子一样笔直，脚趾朝前，身体的平衡仅靠臀部保持，腿部与地面保持在60～65°角。脚部的高度要超过头部。在这个体式保持半分钟，正常地呼吸。

景丽寄语 腿部上抬时脊柱的任何一部分都不能接触地面。

简易动作

如果腿无法绷直，那么就弯曲膝盖。

功效： 通过腹部肌肉的紧缩，轻柔按摩腹腔内的器官，缓解胃部胀气；后仰的姿态能够有效使下垂的内脏归位，从而使得消化过程恢复正常。这个体式还可以消除腰部脂肪，紧实腹部肌肉。

THE SECOND LION POSE
狮子第二式

1 莲花坐姿。两手掌心向上放在膝盖上，大拇指与食指相扣。

2 上身向前倾，双膝跪地，骨盆部位向下推。两臂伸直并伸展。收缩臀部肌肉，伸展背部。嘴巴大大张开，并收缩喉部肌肉，借此把舌头尽量伸向下巴。两眼尽量睁大，向眼眶顶部翻上去，注视两眉之间的中点（或鼻尖）。

靓丽寄语 你身体的重量只应落在双膝和双掌上。如果你能做到以上姿势，那身体就继续前倾，增加动作的难度。

功效： 这个姿势能补养和加强肝脏，调整胆汁的流通，从而改善消化过程。它也增加喉部舌根的血液循环量。它帮助清除舌头上积累的粘液，这点主要有两个好处：消除口中异味，令人吐字发音更为清楚（因此，有口吃习惯的人宜多练这个姿势，原因即在此）。它是消除尾骨疼痛的一个好姿势，如果尾骨有了错位，这个姿势有助于把它复原；还可以使两腿、骨盆、躯干柔软。

BOW POSE
弓式

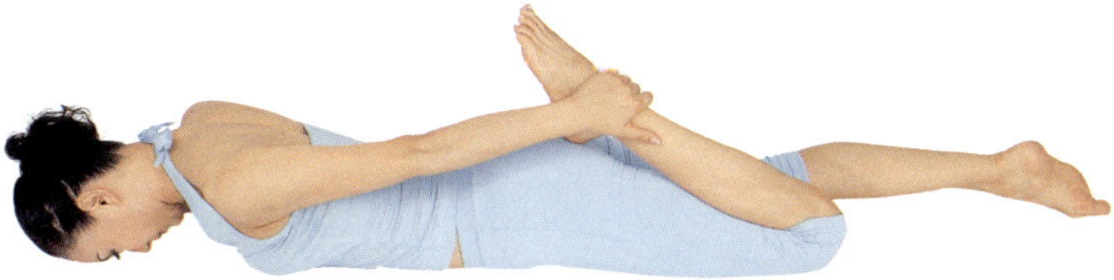

1 脸朝下，腹部贴地，俯卧。呼气，屈膝。两臂向后伸展，左手抓住左脚踝。

2 右手抓住右脚踝，保持两次呼吸。

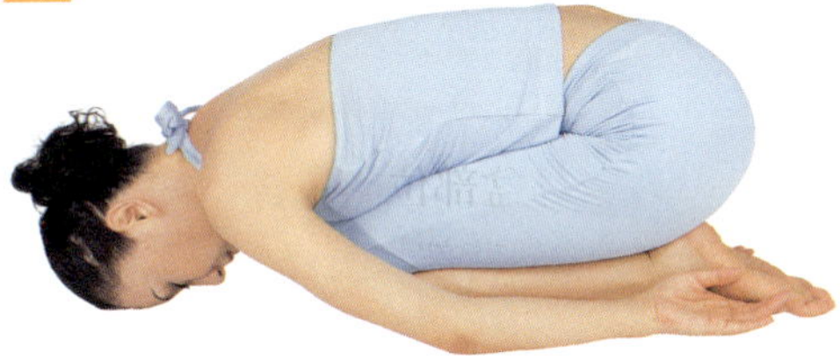

4 然后呼气，松开脚踝，双腿伸直，头部和腿重新回到地面，然后放松。

辅助物

如果手无法抓住脚背，借助弹力带。

3 现在完全地呼气，抬双膝离地，拉动双腿向上离地，同时带动胸部离地。手臂和手的动作犹如一根弓弦拉紧身体成弓形。抬头，尽可能地向后仰。不要把肋骨或骨盆放在地面上，只有腹部支撑身体的全部重量。尽你所能保持20～60秒。

景丽寄语 由于腹部伸展，呼吸将加快，但不要担心。

抬腿部的同时双膝不要并拢，因为如果膝部靠在一起的话，就无法使双腿抬到足够的高度。当腿部已经完全向上伸展后，再把左右大腿、膝盖和脚踝并拢。

功效：这个体式使脊椎向后得到充分的伸展，按摩腹部器官，保持消化通道的畅通，促进肠胃的蠕动，增加胃酸分泌，增进食欲，有效改善厌食的情况。

SINGLE LEG SHOULDERSTAND POSE
单腿肩倒立式

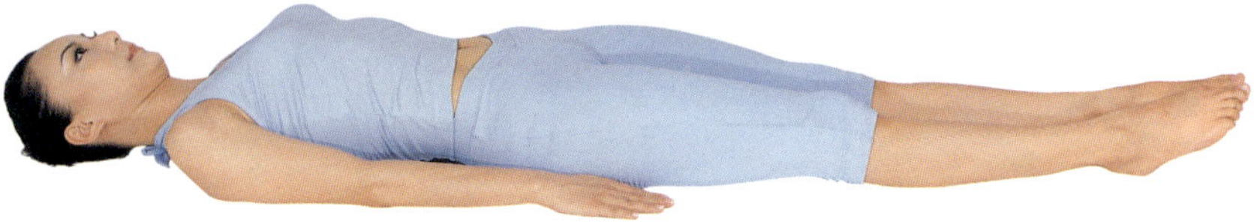

1 平直仰卧，两腿伸直但放松，两脚并拢。两手应平靠体侧，掌心向下。以此姿势放松至少15～20秒钟。

2 吸气，一边保持两腿并拢、两膝伸直，一边两掌轻轻用力向下按，收缩腹部肌肉，使两腿离开地面举起，升到躯干上方。

3 当两腿垂直于地面时，升起髋部，将双腿向后方送去。将两手放在下背部，并将两髋和躯干垂直竖起，直到你的胸部触及下巴。

景丽寄语

你能保持这个姿势多久就保持多久！

4 然后吸气，保持右膝伸直不屈，慢慢抬起脚尖指向上方，而同时保持左脚勾地。呼吸要正常，以不勉强用力为限，尽量长久地保持这种姿势。

5 呼气，慢慢回复到犁式姿势。换腿做同样的动作。

功效：这个姿势具有和肩倒立式及犁式相同的大部分效果。但是，只放下和升起一条腿的动作比两条腿同时放下和升起的动作能使腹部的器官，特别是肠胃得到更多的锻炼，防止内脏下垂。这个姿势对腿部肌肉也是很有益的。

难度动作

如果腿部韧带能够更大限度地拉开，可以用绷直的脚尖去触碰地板。

LYING TWIST RELAXED POSE
卧扭转放松式

1 背朝下平躺在地面上。双臂向两侧伸展，与肩成一条直线，使身体像一个十字。

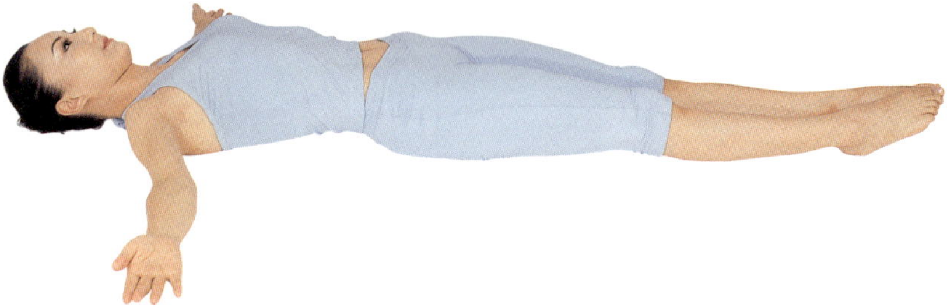

2 吸气，双腿一起抬起直到与地面垂直。双腿应该挺直，不要屈膝。

3 保持这个体式几个呼吸，然后呼气，把双腿朝左侧放低，直到左脚脚趾几乎碰到伸出的左手指尖。试着保持背部放在地面上。

4 双腿应该一起放下，膝盖始终绷直。尽可能地保持腰部放在地面上，只从臀部扭转双腿，当双腿接近伸展的左手时，把腹部向右移。保持这个体式20秒，始终保持双腿绷直。

5 然后在呼气时把绷直的双腿缓缓地放回到与地面垂直的位置。

6 换个方向做同样的动作。

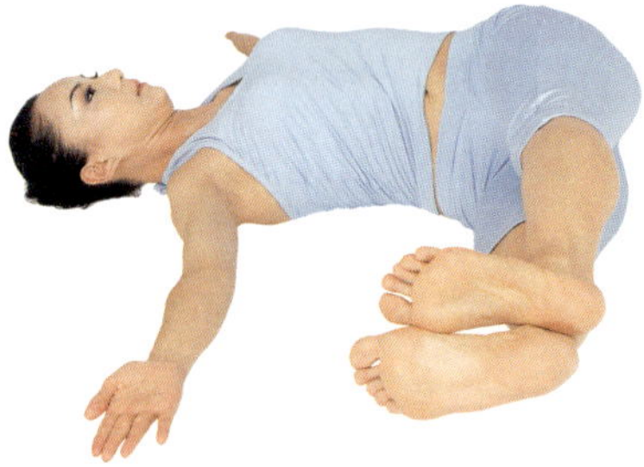

美丽寄语 一开始，右肩会离开地面。为了避免这一点，请朋友帮忙把它往下压，或者在双腿朝左侧扭转时用右手抓住一件重一些的家具。

简易动作

双腿也可保持90° 的状态扭转。

功效： 这个体式治疗胃炎和增强肠部的蠕动。它加强肝脏、脾脏和胰腺并消减其不适。通过定期练习，使所有的腹部器官保持健康。它还有助于缓解下背部和臀部区域的扭伤和病痛。这个体式对于去除腹部多余的脂肪也非常有效。

三、强化泌尿系统

促进新陈代谢

Urinary System

腰酸背疼、四肢无力、怕冷、眩晕耳鸣、形体消瘦、失眠多梦、颧红潮热、盗汗、咽干……泌尿系统出现问题会导致身体各方面都拉响警报。尿道炎、前列腺炎带来的尿频、尿急更让你在公众场合尴尬万分；夜尿频多打乱你的日常作息，让你苦不堪言。

现代医学专家话你知

泌尿系统（Urinary System）由肾、输尿管、膀胱及尿道四部分组成。它的主要功能是排出尿液。机体内溶于水的代谢产物，如尿素、尿酸和多余的水分以及被破坏的激素、毒素和药物等物质，它们经循环系统运送至肾，在肾内形成尿液，再经输尿管道排出体外。泌尿系统是人体代谢产物最主要的排泄途径，排出的废物不仅量大、种类多，而且尿的质和量经常随着机体内环境的变化而发生改变。肾不仅是排泄器官，而且对调节机体内环境的稳定和电解质平衡也起重要作用。肾为先天之本，即藏先天之灵气，乃维持人体生命活动的基本器官。内经云：“肾藏精，主骨，生髓。”如果肾功能障碍，代谢产物则蓄积于体液中而破坏内环境的相对恒定，从而引起新陈代谢紊乱，严重时将危及生命。

瑜伽能改善你的泌尿系统

前面我们已经说过，瑜伽体位法能促进循环系统内的血液循环，对于泌尿系统而言，同样需要充足的血液和氧气。**圣哲玛里琪第三式、扭背双腿伸展式**等扭转的姿势能通过扭转把新鲜的血液送入膀胱，预防膀胱炎。要保证泌尿系统的畅通，另外一点是要保证脊椎的伸直，肾脏不好的人几乎都有侧坐的习惯，或者脊背成“S”形，所以要矫正姿势，以保证不压迫肾脏。瑜伽的很多体位法都有这种拉直脊椎的功能。我们还能借助瑜珈练习，完全去除骨盆内的淤血，就更能提高泌尿系统的功能，也能治好慢性的肾病。

除了瑜伽的帮助之外，你还要寻求到一种适合你的健康的生活状态：

- 在日常生活中作息要有规律，不可过度劳累或熬夜。
- 有尿意就去排尿，决不能拖延。营养要均衡。
- 注意饮食卫生，调味料、盐分勿摄取过多。
- 保证每天充足的饮水，维持身体正常的新陈代谢。

BUNDLE HORN POSE
束角式

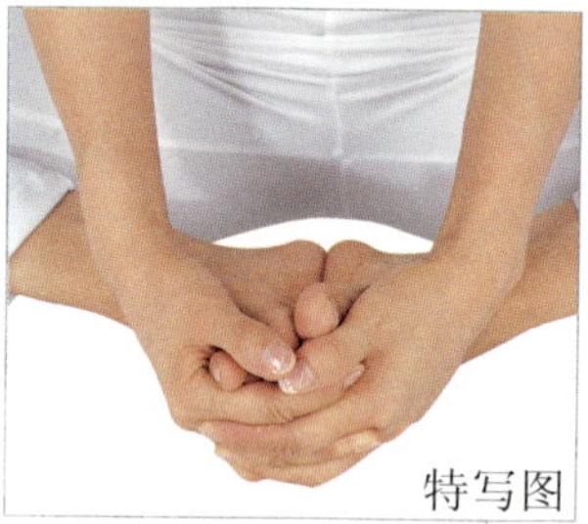
特写图

1 大腿分开，膝盖放低，直到膝部接触地面。手指相扣，牢牢抓住脚趾，脊柱挺直，双眼注视前方或者内视鼻尖。尽你所能保持这个体式。

脚部特写 双脚脚跟、脚掌相合，用手抓住双脚脚趾，脚后跟靠近会阴。双脚外侧应该放在地面上，脚后跟的后部应该紧靠会阴。

2 把肘部抵住大腿下压。呼气，身体前屈，依次把头，然后鼻子，最后下巴放在地面上。保持这个体式半分钟到一分钟，正常地呼吸。

侧面图

景丽寄语 与莲花式和英雄式一样，束角式可以作为呼吸控制和冥想时的体式。当以束角式坐着冥想时，手掌应该在胸前相合，但是后背要保持挺直，这需要多加练习。即使是在刚刚吃过饭也可以不用担心地练习，只是练习时注意最后头部不要放在地面上。

辅助物

可以把额头放在瑜伽枕上，增加动作的舒适度。还可以用到瑜伽砖，放在两膝处。

功效： 这个体式原本是印度修鞋匠的坐姿，众所周知，在印度，修鞋匠很少患尿道疾病，就是由于他们整天都以束角式坐着的缘故。所以这个体式尤其推荐给那些小便失调的人练习。骨盆和腹部以及背部得到足够的血液供应，并得到了刺激。这个体式可以使肾脏、前列腺和膀胱保持健康。

这个体式可以缓解坐骨神经痛，防止疝气。假如定期练习，可以缓解睾丸的疼痛和坠胀。

这个体式对于女性来说也很有益处，与肩倒立式以及该体式的其他系统体式一起练习，可以调整不规则的经期，促进卵巢功能正常。而且我们还发现，怀孕的女性每天以束角式坐几分钟，将有助于减少分娩时的疼痛，而且还可以避免静脉曲张。

在格兰特利·迪克·瑞德博士（Grantly Dick Read）的《无恐惧分娩》（Childbirth Without Fear）一书中推荐怀孕女性练习这个体式。

THE THIRD SEZEMALYKI POSE
圣哲玛里琪第三式

1 坐在地面上，双腿向前伸直。

2 弯曲左膝，把左脚脚底和脚后跟平放在地面上。左腿胫骨应该与地面垂直，左小腿应该触碰左大腿。左脚脚后跟贴近会阴，左脚内侧应该触碰伸直的右大腿内侧。

3 呼气的同时，脊柱向左侧扭转90°，使胸部越过弯曲的左大腿，把右臂放在左大腿上。

4 把右肩越过左膝，脊柱进一步向左扭转的同时右臂伸展。配合两次呼吸。

5 呼气，绕左膝扭转右臂，弯曲右肘，把右手手腕放在腰后。吸气，保持这个体式。

景丽寄语 一开始，你会感到向侧面扭转很困难，但是随着练习的增加，腋窝就可以碰到弯曲的膝盖了。绕着膝盖扭转手臂后，会感觉两手手指难以相扣。当你逐步掌握双手手指相扣后，就让手掌相握，到最后伸直可以用一只手握住另一只手的手腕。脊椎要挺直，屈膝的这一侧臀部不要离地。

6 深深地呼气，左臂从肩部后摆，从背后以右手握住左手。右臂应该牢牢地抵住弯曲的左膝，右腋窝与弯曲的左膝间不应该有任何空隙。双手在背后相握后，牵拉相握的双手使脊柱进一步向左侧扭转。右腿应该始终挺直并牢牢地放在地面上。保持这个体式半分钟到一分钟，正常地呼吸。颈部可以朝任一侧扭转，双眼注视在地面上伸展腿的脚趾或者越过肩向前看。

7 换个方向做同样的练习。

功效： 通过脊椎的扭转增加腹部器官的弹性，特别是肾脏以及尿道，可以保持排尿的畅通，配合健康的瑜伽饮食，能预防尿路以及肾部的结石。通过定期练习这个体式，能够很快地燃烧腹部脂肪；颈部肌肉得以强健；剧烈的背痛、腰痛以及臀部疼痛都很快消除；肝脏和脾脏得到收缩，从而强肝健脾，缓解不适。

DOOR POSE
门式

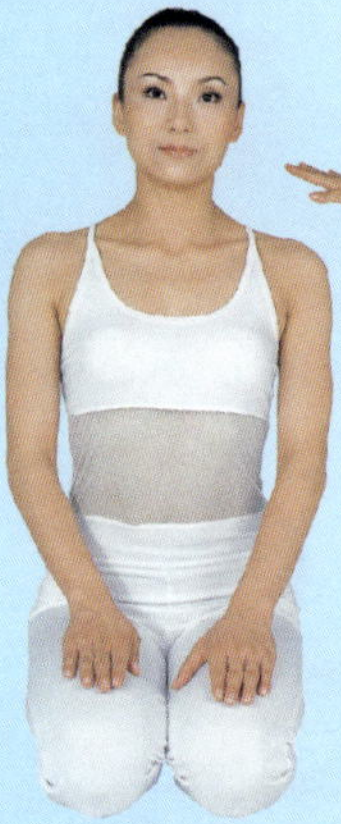

1 金刚坐姿，上身直立。

2 向左伸直左腿，右膝着地，双臂伸开平行于地面。

3 呼气，上身及右臂向左弯，左臂相应下沉，左手扶在左小腿上。右手掌心向上。

4 上半身继续向左下压，直至左手摸到左脚背。

5 右臂伸展绕过头右侧，去触摸左手背；上身保持与左腿在同一平面上，不要向前倾。

景丽寄语

如果你的身体够柔韧，手甚至可以触摸到地板。但切记不要勉强自己，量力而行。

6 换方向做同样的动作。

功效： 通过侧弯的姿势紧实腰侧的肌肉，使肾脏得到轻柔的按摩，促进体内毒素的代谢。长期练习，能强健肾上腺，预防膀胱炎以及男性前列腺增生。这个体式是全身性的运动，减脂塑身的效果自然不言而喻，特别是脂肪容易堆积的大腿内侧。

TWIST BACK EXTENDED LEGS POSE
扭背双腿伸展式

1 两脚向前伸直地坐好。两条腿的大脚趾、脚跟、脚踝和膝部全都并拢。两膝不要弯曲。

2 把右手大拇指朝下、小指朝上，用食指、中指勾住左脚大脚趾。把左臂伸出去，放在右前臂之上。左手大拇指朝下、小指朝上，勾住右脚的大脚趾。

3 弯曲你的双肘并把它们向两侧撑开，并在不勉强用力的情况下尽量把躯干转向左边。保持姿势15～20秒钟。

4 要在另一边重复这个练习，只需把左手伸向右脚脚趾，并把右臂伸出去，放在左前臂之上，来抓住左脚的脚趾。现在你可以向另一个方向扭过去了（即扭向右方）。

简易动作

如果双腿无法绷直，也可以适当地弯曲双腿。

景丽寄语 你的头应在两臂之间，尽量将头转动以便使你能向上看。

功效：此式能使新鲜血液流入生殖腺体区域，从而有利于医疗阳痿，并培育性方面的控制能力；也有助于放松腘腸腱肌肉群，并强壮双肾。这个姿势如果做得正确的话，就会使背部得到伸展，练习后背部感到放松、充满活力。向两侧扭动的动作增加脊柱中的血液流通量，从而滋养脊柱神经和消除背痛。腹部器脏得到滋养、充满活力，消化功能也更正常、旺盛。

LYING HORN POSE
卧角式

1 仰卧。吸气，双臂贴地，掌心向下，脚尖放松。

2 呼气，慢慢把并拢的双腿举起，与地面呈90°。

3 把抬起的双腿继续后伸，越过头顶，脊椎逐渐抬高地面。

4 保持两膝伸直不屈，把两脚脚趾挨到地面上。

景丽寄语 只有当你成功地做到了犁式之后，才能做这个姿势。

5 手臂伸展开，尽量宽阔地把两腿分开，脚尖绷直。

6 用右手抓住你右脚大脚趾，用左手抓住左脚大脚趾。把两脚脚跟耸起，把下半背部耸得更高些，伸展你的腘膀腱肌肉群。正常地呼吸，保持此姿势20秒钟或更长久。

功效： 两腿分开的姿势充分锻炼到了会阴部的肌肉群，改善尿频的症状，还能使下垂的腹腔内的器官恢复常态。脊椎由于前屈而获得额外的血液供应，患有肩肘僵硬、腰痛和背部关节炎的人可以通过这个体式得到缓解。

PIGEON KING POSE
鸽王式

1 在地面上俯卧，两臂放在体侧，下巴放在地上。

2 弯曲两肘，两掌心放在胸部的两侧。吸气，慢慢伸直你的双臂，抬起你的头和躯干。两小腿、大腿和耻骨区域稳固地紧靠地面不动，一边正常地呼吸，一边保持这个姿势几秒钟。

3 呼气，弯曲双膝，把两腿伸向头部的方向。正常地呼吸，你会感到身体的重量只落在双手、双腿和耻骨区域。

4 呼气，把头部向后方仰，把颈项和背部进一步向后方伸展，试试把头顶部分放在两腿上。收缩臀部，尽量长久地保持这个姿势。

景丽寄语 这是一个困难的姿势。我们建议，除非你的身体十分松软灵活，又能把弓式做得很好，不然，不要做它。

功效： 这个姿势对于减轻和治愈泌尿功能失调、控制性欲特别好，对甲状腺、甲状旁腺、肾上腺和生殖腺也十分有益。这个姿势伸展整条脊柱、颈项和肩部肌肉。腹部器官得到按摩，骨盆关节也变得有弹性。

SWING POSE
摇摆式

1 仰卧，两腿屈膝，将两大腿收近胸部。两臂抱着两腿，十指相交。

2 抬起你的头，让你的身体前后摇摆。收紧腹部，向后倒时吸气，呼气坐起来。

景丽寄语 小心不要让你的头猛碰地板。为了避免脊骨损伤，建议你躺在一张毛毯上做这个练习。

功效：这个练习按摩和强壮双髋、双臂和背部。它有助于放松腹部区域，通过前后摇摆的动作按摩肾脏所在的后背区，强健肾脏功能，预防肾虚。对于放松僵硬强直的背部和增加血液循环，它有极好功效。

日光浴

阳光中的紫外线能活跃全身的功能，增强新陈代谢，刺激骨髓的造血机能。同时，紫外线还有杀灭细菌和病毒的作用，可以增强皮肤的抵抗力。

由于日照时间每个国家各不相同，因此无法定出一个最佳的日光浴时刻。若以印度比哈平原而言，日光浴可在夏天早上十点前，冬天则在中午至午后二点前。

做日光浴时，身体有病的部位要暴露在阳光下，其余则需遮蔽起来。当患部置于阳光下十五到二十分钟变热时，就应移到阴凉处，然后依照下列的程序进行。

A. 若患部为风湿症或痛风，该部位需在指示下涂油彻底按摩四五分钟。

B. 若为皮肤病，患部需涂上楝树油按摩四五分钟。

C. 若是其他的疾病，则用扭干了的湿冷毛巾按摩患部。

在患部的温度降到正常后，可再度曝晒于日光下。十五至二十分钟后，再用油或毛巾以上述的方法按摩患部，以使温度降低。曝晒和按摩可反复地做。但最后一次按摩时，不要用油，可用其他东西，最好拿一条湿毛巾将全身擦拭一遍（除了皮肤病外）。

无论健康者或病人都可做全身的日光浴。做完日光浴后，需用一条湿毛巾将全身彻底擦过。在做全身日光浴时，需裸体或只着少量衣服，并将背朝向太阳。若患部在前面，即脸、胸、胃部位，那么这些部位不需遮掩，但其他部位则需盖住。每一个人都需牢记："腹朝火、背向日。"即是说，如果你想以火取暖，就将腹部朝着火，千万别将背部对着火。

静坐法

静坐可以锻炼人的觉知力，使平常受时空、因果控制的心获得释放，突破所有障碍。在静坐时，过去及未来全部消失，所有意识都专注在此时此刻，将现在变为永恒。

面对北方或东方，以吸取地球磁场能量。用盘腿的姿势轻松地静坐，背挺直，头摆正，规律地呼吸，呼气与吸气各维持三秒钟。然后感觉呼吸、脑波及新陈代谢开始变慢。

◎生理功效

静坐可以让生理获得持久的休息，这样的好处必须亲身体验才能体会。一旦熟悉了静坐法，您每天甚至只需睡三个小时，就能感觉到身体比以前更轻松而灵活。因为静坐能减缓心跳及耗氧量并且解除压力，放松以及修正体内每个细胞，所以具有延长寿命的神奇功效。根据统计，人类活到了35岁，每天会有十万个左右的脑细胞因耗损而死亡，而且无法被替补。然而静坐能减缓此种耗损率，因为它改变了整个身心结构，所以能延缓衰老。

◎心理功效

每个人都拥有无穷的内在力量与知识潜能。静坐可以让我们的思想形态改变，练习从另一种角度看整个宇宙，进而拥抱永恒的喜乐、和谐及内在宁静。在静坐过程中，负面思想消失，整个人从死亡的恐惧中解脱，获得精神上的重生。时常静坐的人通常会给人一种具吸引力、活跃、健康、谈话有力、两眼炯炯有神的感觉，只要他们在场，旁人都能感觉到一股振奋的力量。静坐最终目的是让所有的烦恼、思虑消失，达到精神平静的境界。

四、养护生殖系统 建立“性福”生活

Procreation System

弗洛伊德说：“爱欲是我们的原力。”但长期生活在城市里的我们被钢筋水泥同化，逐渐失去了天性和爱的能力。

我们的爱不是被疲劳给抑制了，就是被过度放纵给废了。疲惫不堪的情爱神经已经麻痹，性障碍、性冷淡是必然的事；而性实现得过快、过度的满足又导致了爱的冷淡。现代人都被性与爱的双重冷淡折磨着。

保证我们爱的能力，除了心理上的保养，还不能忽视生殖健康。生殖健康是人类在整个生命过程中，所涉及与生殖有关的一切活动，应在生理、心理和社会诸方面都处于完好的健康状态。和谐健康的性生活，远离妇科病、男性病，要幸福也要“性福”。

现代医学专家话你知：

生殖系统（Procreation System）是产生生殖细胞、繁殖后代、分泌性激素、维持副性征的器官。

人类的生殖系统与身体的其他系统如呼吸系统、消化系统一样，有自己特殊的结构和功能。生殖系统是专司繁衍后代和种族延续的器官，它与人体的其他系统相比，具有三大特点：

1. 其他系统对人体生命的存在具有绝对的必要性，如消化、呼吸、循环等，任何一个系统功能丧失，都会导致生命的死亡。生殖系统则不然，它对人体生命的存在，并不是绝对必要的，生命并不因生殖系统的器官、功能丧失而终止，但它对人类的存在、种族的繁衍却是绝对必要的，没有生殖功能，人类将不复存在。

2. 人体其他系统在男女之间，虽然存在量和力的大小区别，但却不存在质的差别。然而生殖系统在男女间却迥然不同，不仅器官的形态、大小不同，其结构和功能也各不一样。

3. 人体的每一个系统都能独立地完成自己所负的使命，然而，无论男性或女性都不能单独完成生殖系统的功能，必须与异性个体的生殖细胞结合，才能实现生殖功能。另外还要保护它，维护它的清洁卫生，才能使它真正担负起健康身体和生育后代的任务。

瑜伽能强化你的生殖系统

瑜伽的心轮位于胸骨之间，控制同情和爱的情感。练习瑜伽强化心轮能使夫妻间更加地互爱。而位于会阴部的生殖轮（生殖轮与性腺相关）也可以通过正确的瑜伽体位练习得到强化，并保持雌雄激素分泌平衡。

脑垂体是人体的性爱中枢，如果脑部供血不畅，脑垂体分泌性激素的能力会大打折扣，性冷淡、高潮障碍等麻烦便会接踵而至。瑜伽中的许多动作能改善脑部供血，帮助脑垂体和甲状腺素及性腺素正常运作。性爱和谐直接关系伴侣间生活和精神上的和谐。正确的瑜伽练习就像性爱调节器，可以引导我们提高性生活质量，在练习中平衡和协调阴阳能量，保持雌雄激素分泌平衡。瑜伽的侧伸展动作可以伸展到骨盆内部，锻炼脊柱，增强男士的性功能，帮助治疗早泄和阳痿；改善女性的卵巢功能，改善月经不调、痛经等症状。

除了瑜伽的帮助之外，你还要寻求到一种适合你的健康的生活状态：

- 给感情预留时间，伴侣之间多花精力互相交流。
- 注意个人卫生，保持外生殖器官的清洁。
- 充足睡眠，有计划地节制房事。
- 多选含碘铁质的食物（如黑木耳、牛奶、豆类和绿叶蔬菜等）和富含蛋白质（如酸奶、鸡蛋等）的食物。

SQUAT POSE
蹲式

1 挺身直立。

2 在感到舒适的情况下将两脚宽阔地分开，两脚指向外侧。

3 两手十指相交，两臂轻松地下垂。放松肩膀。

4 弯曲双膝，大拇指相对，慢慢将身躯向下降低。

5 把身躯降低到两大腿与地面平行。

6 把身躯降低到两手略微高于地面。

景丽寄语 当你降低身体时，就呼气；当你身体升起时，就吸气。重做6～12次同样的练习。

功效： 由于骨盆区域得到额外的伸展，因此更多充满氧气的血液被输送到这个区域，性腺可以从这些血液中吸收到充足的营养。这可以增加活力，有助于治疗性无能，并达到控制性能力的目的。这个体式对于孕妇来说这是一个极好的练习。它加强双踝、双膝、两大腿内侧和子宫肌肉。

HALF MOON POSE
半月式

1 挺身直立。

2 在感到舒适的情况下将两脚宽阔地分开，两脚脚尖指向前方。

3 左脚向左转90°，右脚稍转向左，双腿膝部绷直。

4 身体左倾，左膝弯曲，左手扶住地面。

5 从地面抬右腿，与地面平行。

辅助物

手可以扶在瑜伽砖上。

6 在右侧重复这个体式。

景丽寄语 这个体式的难度程度可以分为三级：最简单的是眼睛看向扶在地面上的手，少了颈部的扭转；中等难度眼睛平视前方；最困难的就是眼睛看向上方。你可以视自己的具体情况而定。一段时间后你的平衡能力会增强。

功效： 女性要年轻美丽，就要保持卵巢健康。这个体式有助于保持卵巢血液流通，调节机体的生理功能，维持内分泌平衡，保证女性正常的生理代谢机能。

TIGER POSE
虎式

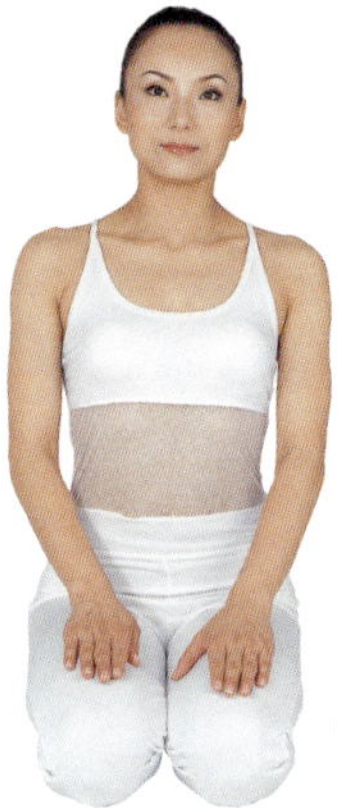

1 金刚坐姿，上身直立。

2 两手放在地板上，抬高臀部，做出爬行的姿势。

3 两眼向前直视，吸气，把右腿向后伸展。

4 蓄气不呼，弯曲右膝。

5 呼气，把右膝靠向头部。

6 再把右腿向后方伸展，重做这个练习。

7 换左腿重复这个练习，每条腿做6次。

景丽寄语

如果身体够柔韧，还可以用膝盖去触碰你的鼻尖。

功效： 虎式有助于使脊柱得到伸展和运动，强壮脊柱神经和坐骨神经。减少髋部和大腿区域的脂肪，强壮生殖器官，预防子宫、卵巢异位。它是产后妇女的极好练习。相应的，生殖器官的健康也能使体内废物及时有效排出体外，从而使你面色红润、色斑淡化，让你由内美到外。

HALF VESSEL POSE
半舰式

1 坐着，两腿向前伸直。

2 十指相交，置于头后。吸气。

3 呼气，微微向后倾，两脚离开地面，伸直脚趾（伸直脚趾可做可不做），双膝不要弯曲。全身重量应靠臀部来平衡，背部任何部分决不触及地面。脚趾的顶尖与头的顶端同一高度，两腿应与地面成30～40° 角，保持此姿势20～60秒钟。

简易动作

如果腿无法绷直，也可以适当地弯曲，不要勉强自己。

景丽寄语 力图正常地呼吸。不要悬息（即不呼或不吸），也不要深呼吸。做这个姿势时想要悬息的倾向会把效果从腹部器官转移到腹部肌肉上；而深呼吸会使腹部器官松动。

功效： 这个姿势强壮双腿、腹部和背部，增加这三处的力量。它也强壮神经系统、脾脏、肝脏和胆囊。更重要的是它能增加女性子宫肌肉的弹性，缓解痛经。对于男性来说，能有效地控制遗精。

BINDING SEATED POSE
束角坐式

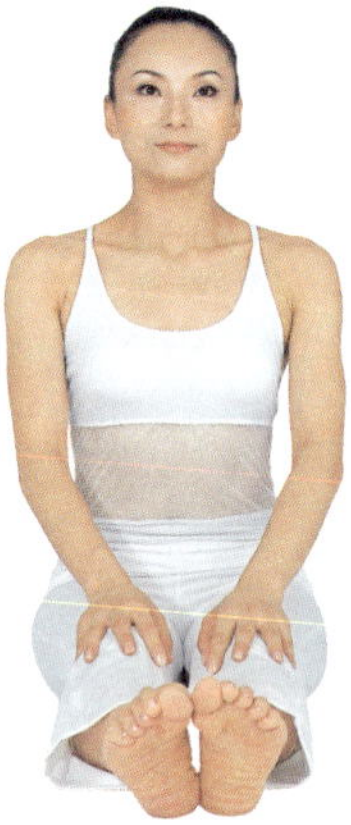

1 坐在地面上，双腿向前伸直。

2 双腿依次尽可能地向两边打开。注意自始至终都要保持双腿伸展，双腿的后部紧贴地面。用拇指、食指和中指抓住大脚趾。保持脊柱挺直，扩展肋骨。横膈膜向上拉伸，保持这个体式几秒钟，深长地呼吸。

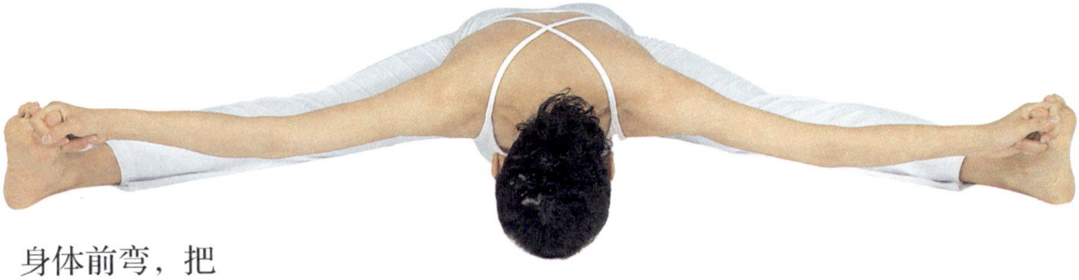

3 呼气，身体前弯，把头放到地面上。

4 然后伸展颈部，把下巴放在地面上。试着把胸部贴在地面上。保持这个体式30～60秒，正常地呼吸。

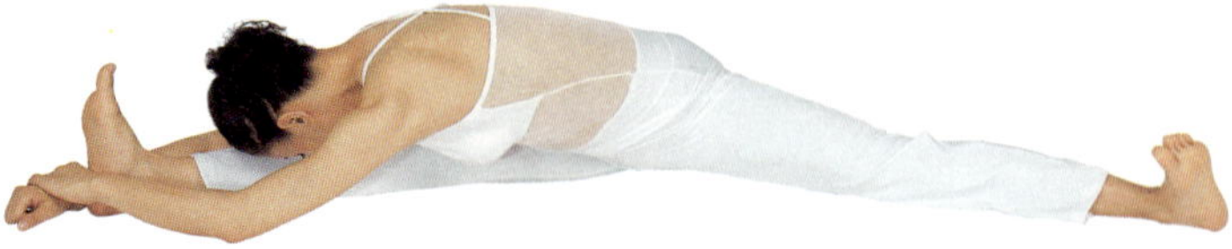

5 吸气，躯干从地面抬起。双手抓住右脚，呼气，下巴放在右膝上。

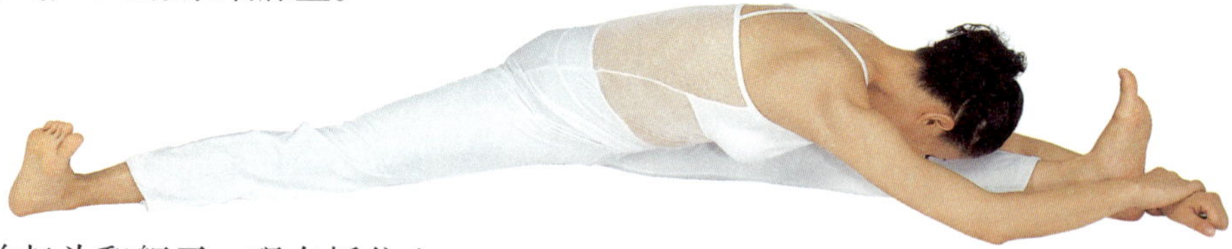

6 吸气，抬起头和躯干。现在抓住左脚，呼气的时候把下巴放在左膝上。

辅助物

上半身可以倚在瑜伽枕上。

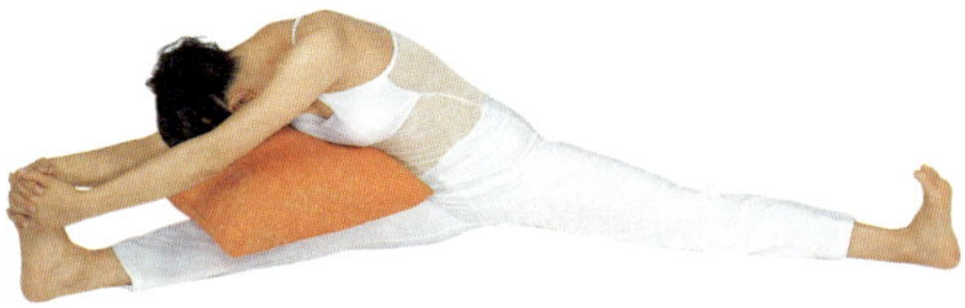

景丽寄语 如果双腿无法完全打开，那么代表你的髋部缺少训练，要加强练习。

功效：这个体式有效地按摩男性睾丸，消除阴囊积水。还伸展腿部筋腱，促进骨盆区域的血液循环，使其保持健康。它防止疝气的形成，治疗轻微疝气，缓解坐骨神经痛。由于体式可以控制和规律月经流量，同时也可以刺激子宫，增加骨盆柔韧度，使怀孕的妇女生产时更容易。

SNAKE BEATING POSE
蛇击式

1 像在猫伸展式中那样双手双膝着地、跪下来。双手伸开与肩同宽，两臂应与双肩成垂直角度。

2 一面保持用两手紧按地面，一面把臀部放落到两脚跟上，并把头贴在地板上，做叩首式。

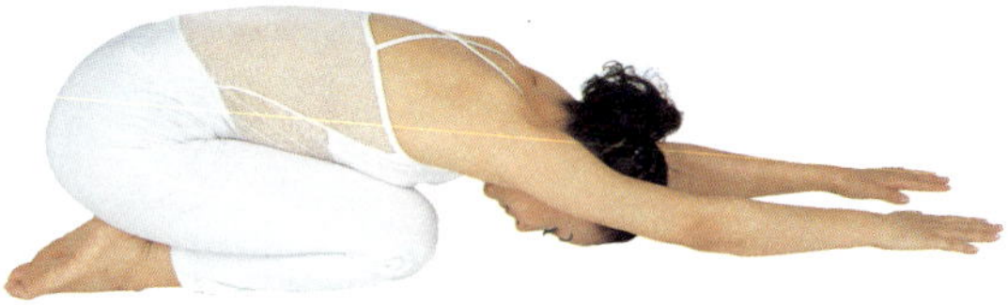

3 一面保持胸膛高于地面，一面吸气，并将胸膛向前移动。

正面图

4 当你的胸膛再也不能向前移动的时候，就吸气并伸直两臂，放低腹部直到两大腿接触地面为止，把你的胸部向上挺起。呼气，使背部成凹拱形，两眼向上方看。正常地呼吸。保持这个姿势10 ~ 20秒钟之久。

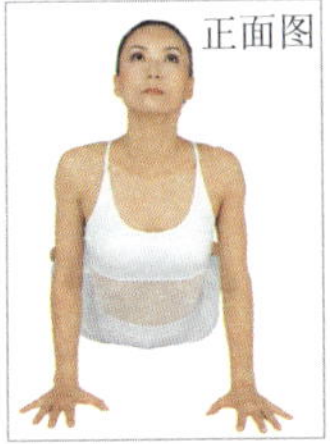

正面图

景丽寄语 第三个姿势和眼镜蛇式是完全一样的。

功效：这个姿势对患有坐骨神经痛和大多数普通背疾的人们有益处。要纠正脊椎骨盘错位或肋骨错位，每次练习应保持这个姿势较长时间。这个姿势有益于肝脏和各内脏器官。由于它强壮生殖器官，有助于消除月经失调的毛病，所以也是女性（包括早期孕妇）的好姿势。

LYING BRACED KNEES POSE
仰卧抱膝式

1 仰卧，两腿伸直。

2 吸气，同时屈右膝，收起右腿，把右大腿尽量收近胸膛。呼气，两手十指相交，抱着右膝。彻底呼气，让两肺叶尽量把气呼完。

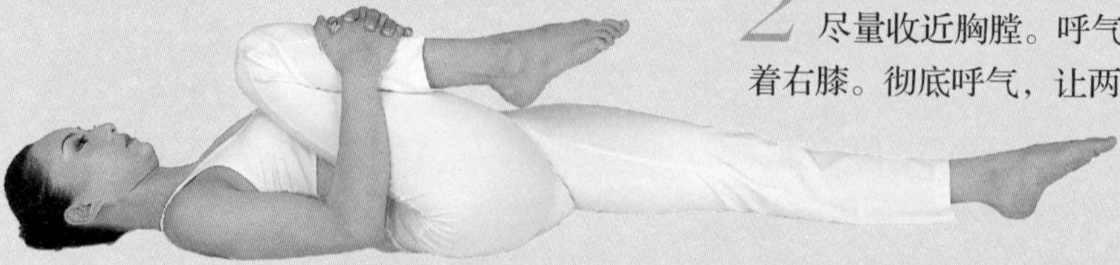

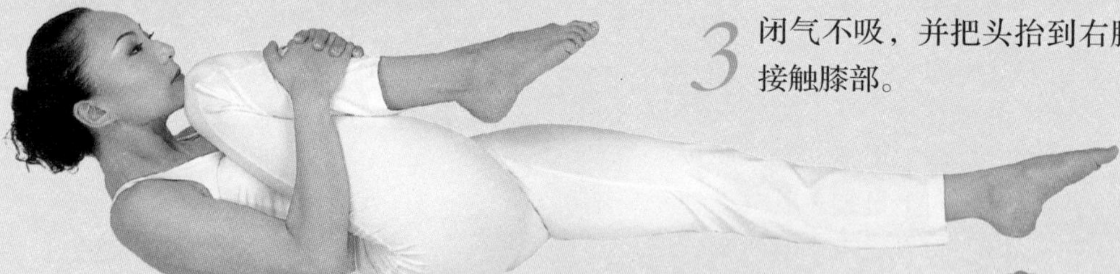

3 闭气不吸，并把头抬到右膝处。用下巴接触膝部。

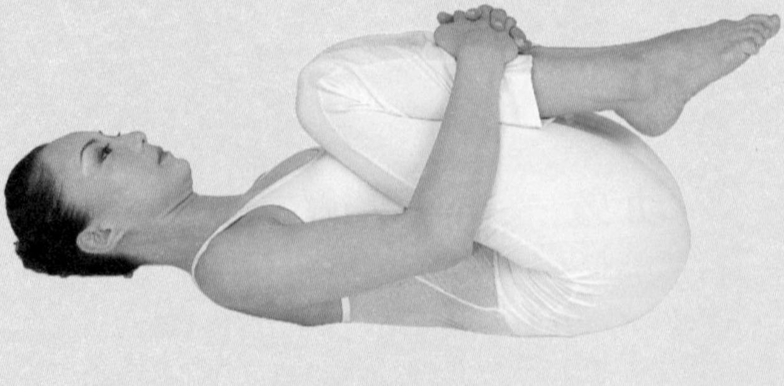

4 吸气，慢慢把头部放回地面上。然后两腿均屈膝，把两大腿收近胸膛，两臂抱着双膝。

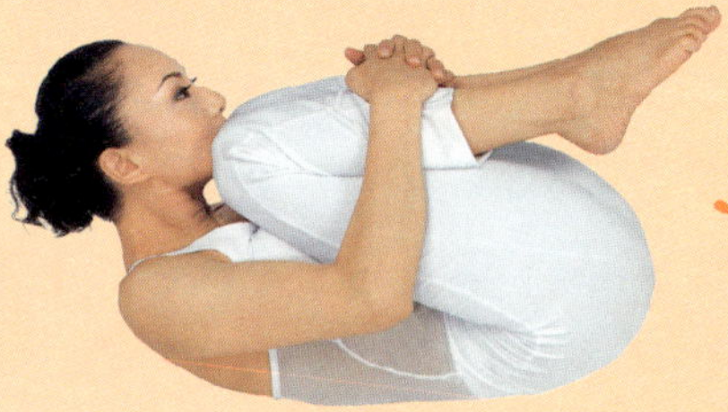

5 用下巴去触碰双膝。

6 放下右腿，抱住左膝，做同样的动作。

景丽寄语 如果你要保持较长时间让下巴接触着膝部，那就把悬息（即闭气不吸）改为在保持姿势的同时轻轻呼吸。膝盖痛的话，就用双手抱住大腿后侧，会减少膝关节的压力。

功效： 这个练习暖化女性生殖系统，能削弱女性本身寒性体制对经期的影响，缓解痛经。两腿从大腿根部最大限度的开合可以锻炼女性阴道壁的肌肉，防止阴道松弛，提高性生活的质量。补养和加强腹部，伸展颈项肌肉。它有助于减轻便秘，对释放腹中积气效果极佳。

PART 6

第陆部分

温馨瑜“家”

Warm Family of Yoga

破茧新生瑜伽日志

姓名：刘莹

职业：公司职员

练习时间：2个月

练习理由：我想做个瑜伽美人

其实真正接触瑜伽是在我小学的时候，那个时候爸爸特别喜欢打太极、练气功等，好奇的我就跟着父亲盘腿（现在才知道叫“莲花坐”）、练功。没想到居然给自己现在练习瑜伽打下了一定的基础。

2005年7月我工作了，是在销售系统做后勤工作的，整天与公司驻外33个办事处的销售人员打交道，天天处于这种嘈杂的环境，我时时刻刻挂着嘴边的一句话就是“烦死了”。2006年4月底我因为呼吸急促、胸闷在办公室昏倒，把身边的人都吓到了。去医院做了全面检查，未查出任何病因，医生只能叮嘱我多加留意。后来整个人的体质都下降，胃口不好，什么都不想吃。我这时自己才意识到：身体是革命的本钱，有副好身板是多么重要的一件事。

有一天，同事告诉我，她去体验了一把瑜伽，感觉不错。于是我们相约一起去练，第一堂课练完之后特别舒服，僵硬的身体得到舒展，那是一种充满能量的感觉。在回去的路上，我告诉她“我决定练习瑜伽了”。

6月28日正式开始练习瑜伽了。四个星期以后，自己真的有一些改变。气色好了，越来越漂亮了，自己感觉皮肤光滑了，便秘的情况好了；同事见了我都说变了，心情也舒畅了……总之，这将近2个月的练习让自己整天精力充沛、美丽大方了。不过，我练习瑜伽还有一个目的就是塑身，虽然现在体重还没有改变，但是身上的赘肉还是紧实了，相信通过一段时间的练习，我的身型会越来越好的！我更坚定了要做个瑜伽美人的信念了！让我们一起yoga吧！

姓名：周家明

职业：医生

练习时间：8年

练习理由：改善自我，甚至对我的工作有很大的帮助

我们医生必修解剖学，以了解人体的构造，但是肌肉、肌腱和骨骼是如何组合、如何进行伸缩的，却无法实际用眼睛来观察它们的活动。而在练习瑜伽时，就能够真正意识到，现在哪一块肌肉正在伸直，哪里的肌肉正承受力量。因此，瑜伽让我充分地了解到身体的构造，察觉到健康的重要性。

瑜伽的冥想与坐禅相比更简单，瑜伽不需要什么精神集中或无念无想等特别的感情行动或努力。在冥想时，将意识集中在自己身体的某个部分，就可以沉浸在身体安息的快感中，虽然有时也会想到一些被遗忘了的工作，或者是在研究上会产生一些好的灵感，在此时，我会中断冥想，将必要的事项赶紧书写下来，然后再慢慢地回到冥想状态中，安息立刻就来访了。要达到无念无想的境地很困难。如果努力去“什么都不想”，这本身就已经是一种想法了。瑜伽认为我们只要去想身体的事情，如此就可以调整心灵，这种教法是正确的。事实上，将身心分开来探讨才是错误的想法，因为身心原本就是一体的。

有机会或时间的话，我会慢慢地去研究瑜伽和医学的关系，并非成为医术的瑜伽，而是探讨医学的本质与瑜伽的思想之间的关系。

姓名：王心如

职业：作家

练习时间：5年8个月

练习理由：先天可以改变，治病不如防病

我天生是虚弱体质，孩提时代胃肠较弱，经常出现腹痛、下痢，以及神经性下痢等症状，一年到头不停地感冒。16岁时罹患结核，22岁时经历痔疮手术，青春时代可谓是苦难重重。因为治疗结核，所以长期持续地服用抗生素，结果耳鸣、嘴唇发麻、食欲不振、胃痛、胃痉挛、便秘、药疹、神经不安、失眠症等各种副作用都出现了。虽然医生说我的结核借着抗生素的力量治好了，但是，我并未实际感受到自己真的得到了健康。我认为疾病痊愈和健康根本就是两回事。

于是我开始练习瑜伽，现在，我敢说，我的体质比我的实际年龄起码要小十岁。

古希腊时代，医术并非治疗疾病的绝对理念或手段，而认为“医学是治疗疾病的辅助手段”，或者是“由自然治愈疾病，医生只是进行处置”，还认为“医学是指模仿自然治愈构造的技术”。中国古代的养生训上也说：“关于自己的身体，必须自己负责任。”换言之，即对于自己的生命必须自己来处理才对。的确，现代医学对于感染症等许多疾病的处置和预防有了极大的进步，但是瑜伽不仅仅改变我们的生理状况，还帮助我们培养良好的生活习惯，甚至是生活艺术，从根本上杜绝疾病的发生。

瑜伽还有另外一个好处。

其实人的许多疾病在初期依赖于医学是无法检测到的！使用最新电脑设备、进行临床检查的机器，对于癌等许多疾病的诊断和治疗发挥了极大的力量，但是对于疾病的初期却无法观察到。

根据我和身边一些朋友的体验，练习过瑜伽之后就能发现由体内发出的微妙信号，并加以掌握。每日实践瑜伽，加深身体感觉，就能够感受到肌肉或肌腱、肺与心脏、腹部的脏器等，或者是呼吸出现时的局促或不适感等微妙的身体变化。

一般而言，等到疾病成为病情显性化时才察觉到疾病的存在，有时医学已经无法应付了。而由瑜伽的观点来看，在疾病显现之前的前阶段过程中，能够掌握这些警报、信号，在这个阶段就可以加以应付。在初期利用瑜伽检测自己，防病，总好过到了疾病末期不得不依靠手术治疗要好得多吧。

姓名：坣娜

职业：艺人

练习时间：19年（其中中断5年）

练习理由：瑜伽让我重获新生

瑜伽是我们生活里的一部分。多数人都认为我是因为十年前一场严重的车祸后，才开始认识和学习瑜伽，其实我早在十九年前就开始接触瑜伽了。当时我是因为看多了佛教书籍，而开始将瑜伽成为生活的一部分。或者说19年前，自己早已经是一名无师自通的瑜伽高手了。

10年前的一场严重车祸，让当时的我痛苦万分。身体骨头碎裂、内脏移位几乎都要了我的命，加上接着而来的“甲状腺失调症”把我弄得眼凸脖子粗，可怕的忧郁症更是找上了我，一连串祸不单行的病魔纠缠让我几乎放弃了生的希望。由于工作太忙，在车祸前，我已经有五年没有练习瑜伽了。因此，车祸后的我严重到连麦克风都没办法拿起来。所幸我在朋友和家人的帮助下渐渐地寻找到自己的方向，重新开始练习瑜伽，慢慢地我的病情渐渐转好，而我的事业迈入了另一个高峰，并得到“台湾瑜伽女王”的美称。

直到再次接触瑜伽，我对这源自印度的古老法宝有了更深一层的体会。重新练习后，我摆脱了多年的甲状腺问题和车祸的后遗症，晕眩、头痛、掉发、指甲关节痛等等的状况，都渐渐地康复了。现在我的身体依然会疼痛，不过已轻微了许多。现在的睡眠时间更是比以往的情况好转了。我只需躺在床上20分种左右，就可以入睡长达一至两个小时。只有真正练习瑜伽的人，才可以感受到其中的奥妙。我的心态现在特别平和，也因此有了一种独特的魅力。

瑜伽新手指南

“如果不是在练瑜伽，就是在去瑜伽馆的路上。”有人这样形容都市人对瑜伽的热衷。放松、舒缓、平衡，瑜伽带来了一种内外兼修的生活方式。但如果在运动中不讲究方法，反而会损伤肌体，适得其反。

误区1：刻意呼吸

呼吸贯穿了整个运动的始终。当一瓶香水放在面前，你会正常地吸气、呼气，但当被提醒去闻香水时，你的呼吸就会下意识地加重。练习瑜伽也会遇到同样的问题，往往一说到呼吸，人的大脑就会潜意识地紧张起来，很难做到呼吸自如。

景丽主张：多练习。呼吸是可以练出来的，慢慢控制思维，别暗示自己刻意呼吸。慢慢将潜意识里的呼吸还原到自由、自然的状态，让呼吸和身体的很多动作协调起来，并带动动作去完成每一个姿势。

误区2：强迫自己运动

瑜伽的很多动作需要长时间才能做到位。比如两手在背部相拉，牛面式中一个常见的小动作，很多人右臂膀可以正常完成，但左臂膀做起来就相当困难。如果一时急躁，强迫自己生硬地去完成这个动作，结果是两手虽然拉在一块了，但不是胳膊被扭伤就是运动后臂膀疼痛。

景丽主张：保持运动节奏，多想想辅助方法。练习这个动作一定要心态平和，可以借助一条毛巾来辅助完成。两手握住毛巾，试着一点一点接近。这样多练习几次，一段时间后，你会发现左手臂也能轻而易举地达到你想要的效果。

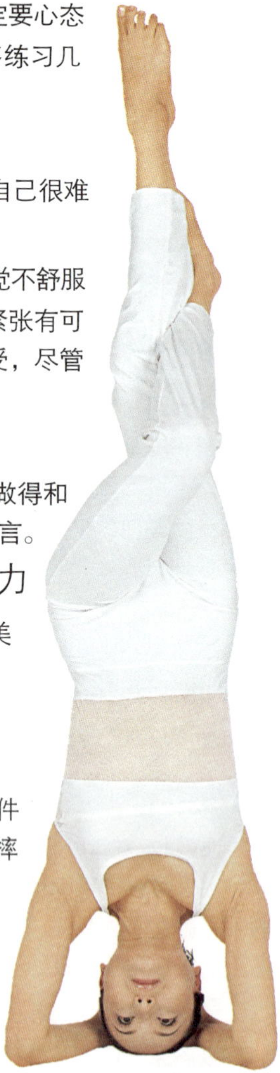

误区3：不尊重自我感受

练习瑜伽的过程应该是一个让自己很轻松、舒服的过程。但在练习时你却发现自己很难受，要么脖子绷得很紧，要么胸口很闷……

景丽主张：自我尊重。做瑜伽很重要的一点就是要学会自我尊重。当感觉不舒服的时候，最好马上停下来调整。你应该多动动脑筋，想想自己为什么会难受。脖子紧张有可能是双手没放平，胸口闷可能是呼吸没有和运动协调等等。总之，要尊重自己的感受，尽管动作不是很规范，但一定要让自己感觉到舒服。

误区4：太在乎动作的完美

因为做瑜伽可以让形态和举止变得优美，所以每一个动作你都认真模仿，希望做得和教练一样好。但是一堂课下来，你发现自己已被美丽折腾得筋疲力尽了，毫无快乐可言。

景丽主张：认识瑜伽不是“竞技”运动，“享受快乐，并尽力而为”是最好的状态。刻意追求完美很难真正体验到精神上的快乐。瑜伽的美感是通过长时间的修炼慢慢达到的，是一种由内到外的美丽，只要你在身体很协调、舒服的状态下完成了基本的动作，差不多和规范的动作一样就达到了效果。

误区5：以为动作不到位

你以为疼痛是运动的必然反应，生怕动作不到位影响运动效果。所以在身体条件不具备的情况，强迫自己做目前达不到的动作。结果弄得自己腰酸背痛，还不幸摔伤、扭伤。

景丽主张：改变自己的错误观念。疼痛并不是练习瑜伽的必然反应。很多动作，只要是在身体协调、放松的状态下完成，不管到不到位，一样可以达到运动的效果。根据自己的身体条件适当运动很重要，这样不但不会轻易受伤，还能更深地感受到身心舒展的乐趣。

瑜伽商品情报站

瑜伽运动日益成为人们修身养性、康体美体的健身项目，但如何选择瑜伽用品，人们却知之不多。这里稍作介绍，希望对瑜伽爱好者有帮助。

一、购买瑜伽用品的种类及购买时机

瑜伽用品包括瑜伽服、瑜伽垫、瑜伽砖、瑜伽绳、瑜伽球、瑜伽哑铃、瑜伽手套、瑜伽袜子、瑜伽伸展带，瑜伽VCD、书籍等，包罗万象，品种繁多。按照使用的先后，一般主要的有瑜伽服、瑜伽垫、VCD是开始练习时就需使用的，是练习瑜伽最起码的工具。对于初练者，衣服、垫子、VCD是需要最先购买的，而瑜伽绳、球、腰带、砖、哑铃等在有一定瑜伽基础上再逐渐增加。

瑜伽垫

瑜伽绳

瑜伽砖

瑜伽毯

二、如何选购瑜伽服装

瑜伽运动动作幅度较大，要求服装选择伸缩性能较好的材料，同时运动出汗较多，要求材料的吸汗性能及透气性能均比较高。市面上有些用尼龙做的伸缩性好，但吸汗性差；有些吸汗性能好，但完全没有弹性，穿着身上松松垮垮。最好选择富于伸缩性能和吸汗性能的材料，在两者之间达到最佳平衡。穿在身上，既有贴身的舒服感，又能伸展自如。在选用裤子的时候，建议尽量用有绑绳裤头的裤子。

三、如何选购瑜伽垫

传统的瑜伽垫有布质的、草织的、橡胶的，但这些材质均不能满足瑜伽运动防滑、定位、避震的要求。现在市面上新推出一种由PVC和织物纤维混合而成的瑜伽垫，它有更强的抓地防滑性能，弹性佳，耐磨，抗撕裂，在瑜伽运动中可以起到较好的保护作用。

四、瑜伽音乐的选择

冥想音乐

放松身心，激发内在潜能，让身心得到天人合一的响应，迅速补充新的能量，充满自信……冥想音乐，是当前许多国家流行的一种有特点、有前途的现代音乐形式。

在这种音乐和自然界音响的引导下，接受音乐治疗者全身放松，闭目养神，仿佛回归到大自然中，依照个人不同的生活经历进行回忆和臆想等心理活动，可以取得舒心、强身、健脑、养生的效果。冥想音乐分为导入、冥想和唤醒三个阶段。导入阶段，是在音乐和自然之声的引导下，身心逐步放松，排除杂念，自然呼吸，渐渐进入冥想阶段；冥想阶段，是身心完全放松，随音乐和自然之声进入朦朦胧胧、似睡非睡或轻轻入睡的自由臆想的美妙境界，此时身心得到充分休息；唤醒阶段，是在音乐和自然之声的引导下逐步恢复到清醒状态，此时，你会感到头脑清醒、身体轻松、精神愉悦、精力充沛。

五行音乐

根据中华医学“五音疗法”理论，运用不同的调式和音色对人体五脏的调节作用，并结合现代音乐疗法而成，具有治疗、保健、欣赏等功效。经常聆听可以祛病强身、养生保健、陶冶情操。

梵曲音乐

旋律优美，婉转动听，宁静、清淡、脱俗、高雅、独特风味浓厚，其表达情感是其他音乐所不能替代的。有些如入梦幻，听之似入云端有悠闲自得之感，适合静心养性，有练气健身之功效；有些含有看破红尘、与世无争、淡泊名利、乐在其中之意。

茶道音乐

沉醉于乐韵，会从各种自然音效中“由乐及茶”，感受到茶的清、雅、韵、净、明、仙、益、芳的幽香世界。曲曲优美的茶谣表现出一派茶乡的山水人情和悠悠芬芳。一杯茶一抹情，一支曲一道景。来吧，感悟一份闲情，享受一缕茶的芬芳。

其他音乐

优美动听，细腻温存，好像把人带进向往的世外桃源。它是如此之美、之乐、之静、之善、之太平。■

Warm Family of Yoga

（中映良品文化传媒机构出品的瑜伽音乐CD产品）

www.blog.sina.com.cn/u/1254915884

長期征集各類影視、圖書稿件投遞與合作
歡迎有專長的各行優秀人士與我公司合作
电 话: (0755)26740758 26740502
Email: Lpwh2006@yahoo.com.cn